難民レジームと当事者性

「保護される客体」からの脱却

堀井里子 編著

Refugees and Their Agencies
Beyond the "Object of Protection"

明石書店

難民レジームと当事者性
——「保護される客体」からの脱却

もくじ

略語一覧　7

序章
堀井 里子（国際教養大学）

はじめに——— 9
第1節　問題の所在——— 10
第2節　本書の意義と特徴——— 13
第3節　本書が提起する主要な論点——— 15
第4節　本書の構成——— 17
おわりに——— 20

第1章　難民レジームの歴史的背景および基本概念
堀井 里子（国際教養大学）

はじめに——— 23
第1節　難民レジームの歴史的展開——— 23
第2節　難民レジームの制度的特徴——— 28
第3節　難民の当事者性——— 32
おわりに——— 36

第2章　集団安全保障レジームと難民レジームの補完と相克
上野 友也（岐阜大学）

はじめに——— 41
第1節　難民——— 42
第2節　難民の当事者性——— 42

第3節　難民保護の安全保障化―― 42
第4節　レジーム―― 43
　第1項　レジームの定義と特徴　43
　第2項　集団安全保障レジーム　44
　第3項　難民レジーム　44
第5節　レジーム複合体―― 45
第6節　集団安全保障レジームと難民レジーム―― 47
　第1項　補完的な関係　47
　第2項　相克的な関係　49
　第3項　誰が脅威なのか　51
第7節　集団安全保障レジームにおける難民の当事者性―― 52
　第1項　難民の当事者性　52
　第2項　集団安全保障レジームにおける難民の当事者性の剥奪　52
　第3項　集団安全保障レジームにおける難民の当事者性の推進　53
第8節　集団安全保障レジームの衰退と難民レジーム―― 55
おわりに―― 56

第3章　難民レジームにおける《人道主義的支配》とその超克
――当事者性回復のための《グローバル異議申立デモクラシー》

大道寺 隆也（青山学院大学）

はじめに――難民レジームにおける「デモクラシーの赤字」―― 59
第1節　難民レジームにおける《人道主義的支配》―― 61
　第1項　難民レジームの発展と人道主義　61
　第2項　難民に対する《人道主義的支配》　62
第2節　当事者性回復に向けた理論
　　　　――《グローバル異議申立デモクラシー》―― 64
第3節　難民の当事者性剥奪とその回復の実践―― 66
　第1項　難民の「じりつ（自立／自律）」を
　　　　めぐる言説と実践――難民主導組織の役割　67
　第2項　EU域外出入国管理政策に
　　　　対する異議申立――市民社会の役割　70
おわりに―― 71

第4章 国際難民レジームは「終わる」のか？
――タンザニアにおける難民の帰還／送還とノン・ルフールマン原則

杉木 明子（慶應義塾大学）

はじめに―― 75
第1節　分析の視角―― 76
第2節　難民の帰還をめぐる規範―― 80
　第1項　難民の帰還とノン・ルフールマン原則　80
　第2項　ノン・ルフールマン原則と
　　　　帰還に関する規範をめぐる論争　81
第3節　タンザニアにおける難民の帰還―― 83
　第1項　難民政策の変遷　83
　第2項　ブルンジ難民の帰還とノン・ルフールマン原則　85
　第3項　帰還とノン・ルフールマン原則の履行をめぐる論争　91
おわりに―― 94

第5章 「解決策」から難民レジームを再考する
――「移動による解決策」の先に

柄谷 利恵子（関西大学）

はじめに――「難民レジーム」なるものとは―― 103
第1節　解決策から難民レジームをみるとは―― 106
　第1項　難民レジームとUNHCR　106
　第2項　解決と保護　107
第2節　恒久的解決策を考える―― 109
　第1項　三つの恒久的解決策とは　109
　第2項　解決策の変遷　111
第3節　第三国定住という恒久的解決策―― 115
　第1項　第三国定住の現状と課題　115
　第2項　第三国定住と補完的受け入れ　117
おわりに――「実在する」難民レジームは難民になにをもたらすのか？―― 119

第6章 隔離・収容される庇護希望者の「当事者性」
── オーストラリアの国外難民収容所からの告発とその影響

飯笹 佐代子（青山学院大学）

はじめに──「ノイズの主体」としての難民？── 125
第1節 アリ・ドラニ（ペンネーム Eaten Fish）
　──漫画／風刺画による収容実態の告発── 128
　　第1項 自身が描く絵の影響力への気づき　128
　　第2項 メルボルンでの初出展　130
　　第3項 受賞、ハンガーストライキ、そして出国へ　131
第2節 ベフルーズ・ブチャーニー ── 執筆、映像制作、立てこもり── 133
　　第1項 フェイスブック、主要紙への投稿　133
　　第2項 ドキュメンタリー映画
　　　　『チャウカ、時を告げてくれ』の制作　134
　　第3項 『山よりほかに友はなし』の執筆と問題提起　136
　　第4項 収容施設での立てこもり
　　　　──「真の自由」のための「詩的パフォーマンス」　138
　　第5項 『山よりほかに友はなし』の反響と出国　140
第3節 抵抗としての創作活動── 142
おわりに── 144

第7章 当事者性の分析視座からみる UNHCR による社会的結束支援
── 緒方貞子の「共生を想像する」プロジェクトから持続的平和まで

小林 綾子（上智大学）

はじめに── 149
第1節 「当事者性」の分析視座── 150
　　第1項 当事者性／行為主体性の定義　150
　　第2項 当事者性の分析視座　151
　　第3項 三つの分析視座による当事者性事例研究の再整理例　152
第2節 緒方貞子・国連難民高等弁務官に
　　　よる「共生を想像する」事業の構想── 153
　　第1項 自発的帰還の10年　154

    第2項　人間の安全保障につながった「共生を想像する」構想　155
  第3節　「共生を想像する」事業と当事者らの行為―― 159
    第1項　UNHCRによる「共生を想像する」事業の概要　159
    第2項　ボスニア・ヘルツェゴビナ　160
    第3項　ルワンダ　162
  第4節　「共生を想像する」から持続的平和・社会的結束支援へ―― 165
    第1項　当事者性／行為主体性の分析視座による整理　165
    第2項　「共生を想像する」から社会的結束、持続的平和まで　167
  おわりに―― 168

第8章　解決策としての難民起業家？
——欧州における難民の自立支援の試みと多様な支援主体

堀井 里子（国際教養大学）

  はじめに―― 173
  第1節　難民の自立と起業支援の全体像―― 175
    第1項　国際的な動向——なぜ、自立と起業が注目されているのか　175
    第2項　難民起業家支援の背景と論点　177
  第2節　就労・起業をめぐる欧州の制度的環境―― 179
  第3節　欧州における難民の起業支援の取り組みとNGO ―― 182
  第4節　考察―― 188
  おわりに―― 190

あとがき　193
索引　　197

略語一覧

略語	英語	日本語
AP	Agenda for Protection	保護のための課題
AU	African Union	アフリカ連合
CFE	Centre for Entrepreneurs	起業家支援センター
CNDD-FDD	National Council for the Defense of Democracy and the Forces for the Defense of Democracy	民主主義防衛国民会議・民主主義防衛軍
CRRF	Comprehensive Refugee Response Framework	包括的難民支援枠組み
CSO	Civil Society Organization	市民社会組織
DPO	Department of Peace Operations	国連平和活動局
ECRE	European Council on Refugees and Exiles	欧州難民協議会
EU	European Union	欧州連合
GATT	General Agreement on Tariffs and Trade	関税と貿易に関する一般協定
GCM	Global Compact for Safe, Orderly and Regular Migration	安全で秩序ある正規の移動のためのグローバル・コンパクト
GCR	Global Compact on Refugees	難民に関するグローバル・コンパクト
GLAN	Global Legal Action Network	グローバル法行動ネットワーク
GRF	Global Refugee Forum	グローバル難民フォーラム
ICAO	International Civil Aviation Organization	国際民間航空機関
ICC	International Criminal Court	国際刑事裁判所
ICORN	International Cities of Refuge Network	国際難民都市ネットワーク
ILO	International Labour Organization	国際労働機関
IOM	International Organization for Migration	国際移住機関
IRO	International Refugee Organization	国際難民機関
LRA	Lord's Resistance Army	神の抵抗軍
NGO	Non-Governmental Organization	非政府組織
NPA	Norwegian People's Aid	ノルウェー人民援助
OAU	Organization of African Unity	アフリカ統一機構

OCHA	United Nations Office for the Coordination of Humanitarian Affairs	国連人道問題調整事務所
ODA	Official development assistance	政府開発援助
OECD	Organisation for Economic Co-operation and Development	経済協力開発機構
OHCHR	Office of the United Nations High Commissioner for Human Rights	国連人権高等弁務官事務所
PFR	Prima facie refugee	プリマファシ難民
PNG	Papua New Guinea、正式名称：Independent State of Papua New Guinea	パプア・ニューギニア
REN	Refugee Entrepreneurship Network	難民起業ネットワーク
RPF	Rwandan Patriotic Front	ルワンダ愛国戦線
TBB	Talent Beyond Boundaries	国境を越える技術・能力
UNCTAD	United Nations Conference on Trade and Development	国連貿易開発会議
UNDP	United Nations Development Programme	国連開発計画
UNHCR	Office of the United Nations High Commissioner for Refugees	国連難民高等弁務官事務所
UNRRA	United Nations Relief and Rehabilitation Administration	連合国救済復興機関
WFP	World Food Programme	世界食糧計画
10PPA	Refugee Protection and Mixed Migration: A 10-Point Plan of Action	難民保護と混在移動—10の行動計画

序章

堀井 里子（国際教養大学）

はじめに

　2015年9月、小さな子どもの遺体がトルコの浜辺に打ち上げられた。波打ち際でうつぶせに横たわっている写真は、各国のメディアでとりあげられ、世界の人々に知られるところとなった。その子どもの名前は、アラン・クルディ、2歳の男の子であった。家族とともにトルコから20km離れたギリシャ・コス島を目指して地中海を航海していたところ、ボートが転覆し命を落としたのである。5歳になるアラン君の兄と母親も同じく命を落としており、一家で生き残ったのは父親のみであった。[1]

　クルディ一家はシリア出身のクルド人である。他の多くのシリア人と同じように、内戦状態にあったシリアを逃れ、トルコへ移動していた。一家はシリア政府から国籍を付与されていなかったため、パスポートを所持していなかった。トルコはシリア難民を受け入れていたものの、難民としての正式な滞在資格を付与していたわけではなかった。とくに、パスポートを持たないクルディ一家のような人々の滞在資格は不安定であった（Adler-Nissen et al. 2019）。クルディ一家の目的地は、親戚のいるカナダであった。だが、渡航に必要な書類が揃わ

▶ 1　Gunter, J.（2015）"Alan Kurdi death: A Syrian Kurdish family forced to flee", BBC News, 4 September. https://www.bbc.com/news/world-europe-34141716（最終閲覧日：2024年9月15日）.

ず、合法的にトルコから出国できなかった。またカナダ政府への申請も技術的な理由で拒否された。そこで、アラン・クルディの父は、密航業者にコンタクトをとり、一家で地中海を渡ろうとしたのである。移民や難民にあてがわれる船やボートは粗末で脆い。航海がどれだけ危険かは、かれらの目にも明らかだったはずだ。トルコに留まる選択肢は安定した生活や将来の展望を提供せず、母国に戻ることも現実的ではない中で、たとえ危険が伴っても地中海を渡るという選択がより現実味を帯びたのであろう。

　アラン・クルディとその家族に起こった悲劇をここで取り上げたのは、そのセンセーショナルな性質のゆえではない。難民が、移動の過程でいかに困難な状況にさらされているかを示すと同時に、制約がある中でも生きるために判断し、選択し、行動する姿がみえるからである。ブラッドリーら（Megan Bradley et al.）は、クルディ一家の事例は、自分と家族の境遇について、みずからの意思で対処しようとする主体性と、制度的な制約（パスポート不所持に由来する行動制限など）、事態の緊迫性、もたらされる結果の残酷さなど、多くの難民が直面しているだろう複雑な状況を物語ると指摘している（Bradley et al. 2019: 1）。この事例は、難民が保護と支援の受け手でありながらも、限られた状況の中でみずから判断し、意思決定を行う当事者であることを示している。本書は、こうした難民の当事者性に着目し、現行の難民の保護・支援体制は何ができるのか、その限界と可能性について考察するものである。

第1節　問題の所在

　国連難民高等弁務官事務所（UNHCR）によれば、2024年5月時点で、紛争や迫害により故郷を追われた人の数は1億2,000万人を超える（UNHCR駐日事務所 2024）。こうした人々を保護・支援するための国際体制が、難民レジームである。難民レジームの中核は、難民の定義や地位、国家の義務などを定めた1951年の「難民の地位に関する条約」および1967年の「難民の地位に関する議定書」（以下、両者を合せて難民条約と呼ぶ）と、難民への保護と解決策の提供のために国際的な行動を主導・調整するUNHCRである。難民条約には2024年時点で140か国以上が加入しており、20世紀を通して世界的に浸透

した国際人権規範とともに、庇護の基盤を提供してきた。

　しかし、難民レジームは、難民の保護や解決策の提供を確約するものではなく、むしろそうした目標を達成するには程遠い状況にある。今日、多くの難民を引き受けているのはレバノンやトルコ、ウガンダなど、難民を生み出す国の周辺諸国である。先進諸国は難民の流入に警戒感を強め、その到着を未然に防ぐため様々な手法を講じている[2]。その結果、先進諸国への道は険しく、それでも渡航を試みる場合は、クルディ一家のように、命をかけた危険な選択をすることになってしまう。同時に、こうした状況は、難民受け入れに関して国家間の責任と負担の格差を生み出している。さらに、UNHCRは帰還、庇護国定住、第三国定住を難民問題の恒久的な解決策として掲げているが、これら三つの解決策のいずれかにアクセスできた難民は、2015年時点で全体の2％に満たなかったといわれる（Betts and Collier 2017=2023: 37）。このような難民受け入れに関する消極的な諸国家の姿勢を反映し、国連が採択した2016年のニューヨーク宣言および2018年の難民に関するグローバル・コンパクトでは、受け入れにかかる負担分担のための国際協力や、難民の援助への依存体質からの脱却と自立の促進が強調されている。

　こうした事態は、難民レジームが「難民のため」のレジームであるにもかかわらず、「国家の都合」によって運用されていることを示している（久保・岩佐 2011: 67）。2015年の欧州難民危機の際に、欧州各国が国境を閉じて難民の受け入れを制限したが、それは、国内の政治的な安定や経済的な負担を優先した結果であった。国家の都合が優先される結果、難民の声が政策決定に反映されることは少なく、難民は受動的な存在として扱われがちである。橋本（2024）は、近年、日本を含め第三国定住を受け入れる国家が増えているという。その背景には、「難民をどの年に何名、どのくらいの負担になるかを予め計算した上で受け入れるため、政府にとっては秩序立った予算措置を講じやすい」（橋本 2024: 87）こと、言い換えれば「受入国政府にとって都合が良くかつ人道

▶2　たとえば欧州連合（EU）は、EU加盟諸国へ向かう移民・難民が経由するリビアに対し、資金援助などをする交換条件として国境管理の強化を要請している。その他にも、各国は航空会社を含む民間輸送業者に渡航者の文書確認を義務づけ、非正規入国を助ける自国国民に罰則を課し、難民に発給するビザをより時限的なものにするなど、様々な方法を用いて難民を自国から遠ざけようとしている。

的」（橋本 2024: 85）なためであると指摘している。

　実際、これまで難民は難民政策の当事者であるにもかかわらず政策の客体として捉えられてきた。難民が議論や意思決定から排除され、重要な決定が「当事者抜き」で行われてきたことは、近年の自立支援や意思決定過程への難民参加の重要性を浮き彫りにしている（Schmalz 2020: 134）。また、難民の多様な利害や視点が取り入れられたとしても、依然として国家や国際機関の利害や視点よりも後回しにされるという指摘もある（Bradley *et al.* 2019: 7）。学術的な議論においても、難民を一様な保護・支援の対象として捉え、その多様性および当事者性が十分に考慮されてきたとは言いがたい。難民保護・支援への姿勢が各国の「都合」で左右されるのは避けがたい現実である。しかし、この現実を無批判に受け入れ、所与のものとして内在化するのではなく、現状を直視しつつも、その政策言説や施策がいかに難民の当事者性を回復しているのかを継続的に検証する努力が必要とされているのではないだろうか。

　こうした問題関心を背景に、本書は、難民が当事者性を回復するうえで難民レジームがどのような役割を果たせるのかを問う。本書では、当事者性を「主体的に判断、選択し、行動できる自己決定能力」と定義する。当事者性の回復とは、当事者である難民が保護されることを受け入れつつも、自己の生活や将来に対する意思決定に関与し、その決定を実行できる状況を意味する。そのような状況を可能とするには、難民に対して適切な選択肢を提供し、自己決定の権利を尊重する制度的な枠組みや支援構造が不可欠である。だが、強制移動を経験した、あるいは移動の最中にある難民は、社会的、経済的、政治的な側面においてその当事者性を発揮するのにあたって著しい制約下にある。とりわけ自己決定能力の前提となる、選択肢の幅や選択機会を持つことについて大きな制約を受けている。既存の制度や施策は難民の当事者性をどのように捉えてきたのか。また、難民の側は制約がある中でいかに自身をとりまく境遇に向き合ってきたのか。本書は、個別の事例から得られる知見を積み重ねることで、難民の当事者性のかたちを明らかにすることを試みる。そして、国家中心的な見方ではなく難民中心の視点から検討することで、難民レジームの既存の規範や制度、支援の実践を問い直し、当事者性の回復のために何がなされうるのかを検討することを目的とする。

第2節　本書の意義と特徴

　本書の意義は、少なくとも以下の3点に見出せると考える。一つ目は、難民レジームにおける「当事者は誰なのか」という問いに関し、私たちが射程に入れなければならない人々は、法的な難民の定義と同一ではないということを示すことである。まず、法的な難民の定義を踏まえると、難民とは「人種、宗教、国籍もしくは特定の社会的集団の構成員であることまたは政治的意見を理由に迫害を受けるおそれがあるという十分に理由のある恐怖を有するために、国籍国の外にいる者であって、その国籍国の保護を受けることができない者またはそのような恐怖を有するためにその国籍国の保護を受けることを望まない者および常居所を有していた国の外にいる無国籍者であって、当該常居所を有していた国に帰ることができない者またはそのような恐怖を有するために当該常居所を有していた国に帰ることを望まない者」を指す（1951年難民条約第1条A(2)）。この定義は、戦争や紛争などによる無差別暴力や副次的被害のみを逃れた人を含まない（橋本 2024: 21）。今日の感覚からいうと限定的な定義である。

　実際には、国際社会が懸念しUNHCRが支援する対象は現在までに拡大しており、条約で定められた定義に比べ広い。UNHCRは「その後の世界情勢の変化に応じて行われた国連総会や経済社会理事会の決議などによって、故郷を追われた人々をよりインクルーシブな形で保護するために、難民の定義が拡大してきてい」ると指摘する（UNHCR駐日事務所 n.d.）。この拡大された定義（広義の難民）の下では、「武力紛争などで常態化した暴力が発生し、自国に帰ると無差別な形で命や自由が脅かされる人々」も「国際的保護を必要とする『難民』」とされ、UNHCRの支援対象者となっている（UNHCR駐日事務所 n.d.）。現在までにUNHCRが支援の対象とする人々は、条約難民のほか、武力紛争から他国に逃れた避難民、庇護を求める庇護希望者、迫害や暴力を逃れ国内を移動・避難する国内避難民、紛争後に帰還する帰還民等を含む。近年は、気候変動によって引き起こされる強制移住者に対しても、UNHCRは人道支援を行っている。気候変動による強制移住者はそれをもって直ちに難民とは認められないが、気候変動が紛争や迫害のリスクを高める場合もあり、UNHCRはこ

うした状況下での支援を拡充している。難民レジームが保護し支援すべき当事者の範囲が拡大する中で、誰を当事者として想定すべきか、当事者性の回復とは具体的に何を意味するのかといった問いも、より複雑かつ多様となっている。

　難民は一括りにされがちであるが、実際には多様な背景をもつ人々によって構成される。たとえば、村橋（2021）の研究によれば、ウガンダの難民居住区に身を寄せる南スーダン難民は、繰り返される内戦の中で逃避と越境が常態化し、南スーダンにある故郷、ウガンダの難民居住区と同国内の諸都市を往来する。その移動性に影響するのは紛争を避けるためだけでなく、教育へのアクセスや都市に住む親せきの存在など様々である。さらに、同じ難民居住地に住む人々であっても、家族構成や社会的立場などに応じて個々の難民が持つ選択肢や選択機会は異なるという。このように、同じ難民とみなされる人々の間でも、様々な背景を持つ人々がいる。グローバルな難民レジームにおいてもその多様性を踏まえた上で、難民の当事者性の回復とは何を指すのかという問いに向き合わなければならない。次章以降、異なる事例を執筆者それぞれの問題意識と観点から取り上げ、具体的な難民の当事者性のかたちを捉えることを試みる。

　二つ目は学術上の意義である。本書は難民の当事者性に焦点を置くことで、これまで意識的に、または無意識のうちに国家の視点から紡いできた難民保護・支援体制の分析に異なる視点を提供することを企図している。難民個人やコミュニティを分析対象とするミクロ／メゾ・レベルの研究は、難民の主体性や経験を明らかにしてきた。国際構造を視野に収めるマクロ・レベルの研究においても難民の主体性を検討することで、分野横断的に難民研究の発展に貢献する。

　また、本書は制度や規範がどのように難民の当事者性を提起できるのか、また難民がどのように制度や規範に対抗するのかも論じる。この作業を通して、国家と難民間の権力の非対称性を浮き彫りにする。ナイアーズ（Peter Nyers）が指摘するとおり、難民と国家間の力関係を修正すればそれで難民問題が解決するわけではない（Nyers 2006: 124）。だが、現行のレジームに何が欠けているかを考える上で示唆を得られるものと考える。

　三つ目は、社会課題に対する意義である。国家同士の戦争や地域紛争、宗教や政治信条に基づく差別と迫害はなくなるどころか、地域によっては悪化して

いる。これに、自然災害や気候変動が追い打ちをかけ、すでに脆弱な立場にある人々に追い打ちをかけている。このような現状で広義の難民が「ゼロ」になることは想定しがたい。むしろ、誰しもが一時的にせよ難民となるかもしれない、そのような世界に私たちは生きている。難民が難民として権利と尊厳を保障され、自律した主体として選択する能力と機会を有していると社会が認識するよう促すことは、難民と呼ばれる人々に烙印を植えつけることを防ぎ、これまでの難民政策を問い直すことに寄与できるのではないだろうか。

第3節　本書が提起する主要な論点

　ここまで本書の目的とその意義や特徴を説明してきた。本節では、本書が追求する主な論点について、難民レジームの制度・規範とその課題、難民の声と代弁者としての市民社会の役割に着目し整理したい。当事者性には、難民がどのような支援構造下においてより当事者性を発揮できるかという難民をとりまく構造と制度をみる視点と、制約がある中で難民がいかに当事者性を発揮するのかという個人をみる視点がある。両者は密接に関連しているが、とくに制度がいかに当事者性に影響を及ぼしているのかという観点から、様々な難民レジームの課題が浮かび上がる。その一つは、関連する政策領域との関係性である。難民レジームは成立してから約70年が経過し、安全保障や人道、人権、労働移住などの近接政策領域との複合的な関係性を形成している（「レジーム複合体」、第1章参照）。難民レジームと近接政策領域が密接に関連する場合、当該政策領域の国際機関は常に協調関係にあるわけではなく、ときに緊張関係や競争関係にある。たとえば国際労働機関（ILO）は、難民を労働力として捉える政策言説が主流化するにつれて、難民支援分野においてその存在感を高めているが、ほかの関係国際機関と競争関係にありうることを先行研究は指摘している（Garnier 2014）。こうした近接政策領域との関わりは、難民の当事者性を回復するという観点からどのような影響があるのか。第2章は、武力紛争下の難民対応を事例とし、集団安全保障レジームと難民レジームの複合関係を論じる。

　他の政策領域との関係性についての検討が必要である一方で、難民レジーム

そのものがいかに難民の当事者性に配慮してきたかという点も分析されねばならない。難民レジームの重要な規範であるノン・ルフールマン原則や、恒久的な解決策など、難民レジームの中心的な規範や制度が諸国家によって遵守されず、あるいは都合の良いように解釈され、結果として難民の当事者性に適うものなのか疑問符が打たれるからである。ノン・ルフールマン原則は第4章で、第三国定住と就労や就学を目的とした受け入れ（「第四の解決策」）は第5章で取り上げる。これらの章は、難民を包摂するための規範や制度が、現実には難民を疎外化している可能性を指摘している。第4章が示すように、これらの規範と制度をめぐる問題点は、難民レジーム自体が「終わり」へ向かっているのではないか、と考えさせられる。本書は全体を通して、難民の当事者性を回復するための制度的条件について考察を深めている。

本書が提起する第二の論点は、当事者の声と代弁者としての市民社会の役割である。難民は、自身の生活や長期的な展望を全く他者に委ねるわけではなく、様々な制約がありながらも自律的に行動する。ブラッドリーらは、難民の当事者性を、政府当局への抗議運動や庇護および再定住の機会を享受するための行動、難民キャンプに登録しながらこっそりと故郷と難民キャンプを行き来する一連の場面に見出すことができると指摘している（Bradley *et al.* 2019: 8）。他方で、すべての難民がみずから声をあげられるわけではない。難民の語りや経験が黙殺され、周縁化されていることを指摘したうえで、それに対抗する活動や空間について論じる研究もある（Rajaram 2002; Sigona 2016）。本書では、第6章において国外難民収容施設に収容された庇護希望者が、どのように当事者性を発揮するかについて分析している。そこで論じられるのは、先進諸国が難民を遠ざけ排除しようとするメカニズムに対し、生き残りをかけて主体的に抵抗運動を展開する難民の姿である。もちろん、こうした難民個々人の異議申し立ての行為が、難民政策の方向性を変えるような社会的・政治的インパクトを与えるとは限らない。だが、貧困者の行為主体性（エージェンシー）を研究したリスター（Ruth Lister）は、個々人の「ミクロの抵抗」はたとえ失敗し、また政治的な意図を持たなかったとしても、権力へのやりかえしを意味し、「自律と尊厳を獲得する試み」ともなると論じている（Lister 2021=2023: 218, 220）。

難民の声に関していえば、実際に声をあげられたとしても、政策形成・実践

の過程で、また学術的な議論の中でいかにその声を「聞く」ことができるのかという点も問題となる。本書の複数の章で言及されるのは、難民の権利と安全を保障し、解決策の提供を目的とした「難民のため」のレジームが、難民が声を上げ、その声を反映する明確なメカニズムをもってこなかったということである。それに関連して、代弁者としての市民社会（非政府組織（NGO）および市民社会組織（CSO））がどのような役割を果たせるかという点が本書では論じられている。たとえば第3章は、難民レジームに通底する人道主義は誰を支援するかについての判断に恣意性が入りうるために、助けられる側（ここでは、難民）の自己決定能力を損なってしまうと指摘する。そして、NGO／CSO が代弁者となりうるメカニズムを検討している。ただし、NGO／CSO も利害や組織構成、資源、国家との関係性によって、難民に対してもつ立ち位置も異なってくる。誰がどのように難民の「意味ある（meaningful）」参加を確保できるのかが重要となろう。

　では、どのような支援構造が当事者性の回復を可能とするのだろうか。当事者性の回復が、一定の選択機会を享受し、自己決定能力をもった状況に難民を至らしめることであるとすれば、それは、政治的、社会文化的、そして経済的側面を含む働きかけを必要とする作業である。現実には、難民に対する市民権付与はもちろん、長期的な滞在の権利すら浸食されている昨今の社会情勢において、当事者性の回復は簡単ではない。また、難民が帰還する母国においても、敵対していた民族間で復讐か許しかという二者択一ではなく、その中間にある選択肢を通じて歴史に向き合うことが、紛争経験者が対立を乗り越えるために重要であると考えられている。こうした考えを、緒方貞子とミノウは「共生を想像する」として概念化し、具体的な活動として展開させている（第7章）。本書では複数の章で、難民個々人が当事者として、いかにその境遇を受け止め行動しているのかについて論じている。

第4節　本書の構成

　本書は、本章（序章）を別にして8章構成をとる。第1章では、難民レジームの成立と発展の歴史的過程と理論的視座を提示する。難民レジームの歴史に

関しては、変動する国際情勢に応じて難民の保護と支援がどのように変わってきたかを示す。また、難民レジームと当事者性という鍵概念について、その定義や特徴などを先行研究を整理し明らかにする。

第2章は、冷戦終結後、国連安全保障理事会が主導する集団安全保障レジームが、国連難民高等弁務官事務所などによる難民レジームにどのような影響を与えたのかを検討する。また、その過程において、どのように両者が補完し、あるいは相克がみられたのか、このようなレジーム・コンプレックスのもとで、不可視化されてきた難民の当事者性を回復するためには、それぞれのレジームがどのように対応すればよいのかを論じる。同章では、集団安全保障レジームと難民レジームは、価値観や利益、権限や責任、環境や状況などで相反する選択を迫られることがあること、また二つのレジームの関係を密にしたとしても、必ずしも難民を保護する上で有益ではないことが示される。そうした点を踏まえ、次に難民の当事者性の回復という観点から、紛争地域における難民と国内避難民の政治的意見を尊重し、政治参加を進める一方、難民と国内避難民が自立的に生活できるように、その能力と資源を有効に活用できる環境の整備が必要であることが論じられる。

第3章では、難民の当事者性がいかに回復されうるかを、難民レジームに底流する人道主義（humanitarianism）の思想、およびそれによる当事者性剥奪に着目し、理論と実践の両面から検討する。まず、難民レジームの形成過程を人道主義の観点から概観し、援助者が、被援助者を、人道主義が作り出すかれらとの非対称的な関係に基づいて恣意的決定に服さしめること——《人道主義的支配》——の問題を剔出する。次いで、剥奪された「当事者性」回復の方途を探るための認識枠組として、《グローバル異議申立デモクラシー》を提唱する。これは、被影響者原理に基づいて、政策の影響を被った／被りうる者の見解こそが法や政策に反映されるべきだとする認識枠組である。この枠組からすれば、難民の選好が法や政策にいかに影響を与えているかが論点となる。そこで、難民の「じりつ（自立／自律）」をめぐる言説と実践の事例、およびEUの出入国管理政策に対する異議申立の事例を通して、《グローバル異議申立デモクラシー》の経験的妥当性を検討する。そして、最後に難民レジームの「民主化」の可能性を考察する。

第4章は、規範のライフサイクルや履行をめぐるアクター間の相互連関に着目しながら、「国際難民レジーム」の実態を考察する。「国際難民レジーム」には、保護と負担分担の二つのサブ・レジームがあり、とくに保護に関してはノン・ルフールマン原則が重要視されている。しかし、多くの主権国家は同原則を遵守しなくなっており、それは、庇護希望者の入域・入国を阻止する「押し返し（pushback）」政策や安全でない難民出身国や「第三国」へ庇護希望者や難民を送還／帰還させることにみられる。このような「難民レジーム」における規範の「遵守ギャップ」は、同時に難民レジームの衰退や解体を招く要因となるのではないか。同章は、アフリカから移動した庇護希望者・難民に対する難民出身国や「第三国」への「非自発的帰還」を分析の中心に据え、帰還を推進（強行）するアクターとそれに対抗する諸アクターのあいだの攻防を分析することで、難民レジームにおける変化・変容を検討する。

第5章は、UNHCRが、三つの「恒久的解決策（durable solutions）」、すなわち自主帰還、第一次庇護国定住、第三国定住のうち、第三国定住を推進することで、なにをどのように「解決」しようとしているかを問う。同章では、まず第三国定住が、他の二つの解決策が行き詰まり、「他に好ましい解決策がない場合」に使われる手段という扱いだったことを指摘する。冷戦終結後は、その役割に注目が集まったが、定義は明確でなく、また分担のための具体的なメカニズムが確立されていない。「負担と責任の分担」を掲げる第三国定住を通じて、UNHCRが難民レジームおよび難民自身にもたらした変化を議論したうえで、同章は、「解決策」からみた「実際に存在する（really existing）難民レジーム」の現在地を明らかにする。

第6章では、難民収容所に収容された当事者（庇護希望者）たちが、収容施設の現状やみずからの体験をどのように外部に発信しようとしたのか、また、それがいかなる反響をもたらしたのかに焦点を当てる。具体的には、オーストラリア政府によってパプア・ニューギニアのマヌス島の収容施設に移送された庇護希望者たちの創作・執筆活動を通じた収容政策への抵抗が、SNSを通じてオーストラリア国内外のジャーナリストや作家、アーティスト、人権活動家などを動かしながら国際的な抗議運動へと展開していった過程を明らかにする。さらに、こうした作品に描かれた体験やその語りを参照しつつ、国境管理にお

ける収容という統治のシステムが人としての尊厳と難民としての「当事者性」をいかに踏み躙るものであるかについて論じる。

　第7章においては、難民の帰還――法的に母国に再入国した、帰化したという判断基準でなく、経済的に自立したかどうかという判断基準でもなく、自分たちを守ってくれるはずの社会制度が一度壊れたコミュニティや、（コミュニティは違っても）母国に戻るという意味での帰還――に焦点を当てて、集団としての共生や社会を回復することについて議論する。同章では、緒方貞子の「共生を想像する」事業を取り上げるとともに、UNHCR や広く国連機関による後続（かつ現存）の政策である持続的平和や社会的結束を取り上げる。当事者性に関する先行研究から分析の視座を設定し、外的な判断基準が適用される法的・経済的な議論とは異なる社会的なプロセスを具体的な事例とともに検討することで、帰還後の難民の当事者性の発揮の仕方について考察する。

　第8章は、欧州において難民の起業を通した自立支援が注目されていることに鑑み、どのような主体がなぜ支援を行っているかを問う。同章では、まず、難民の自立が難民レジームの主要な目標の一つとして国際社会で認識され、自立を達成する手法として起業に関心が高まっていることを説明する。そして先進諸国においては、市場を通じた社会的課題の解決を志向する社会的企業型のNGO が、起業支援に動いていることを指摘する。そうした NGO の特徴を英国の起業家支援センター（CFE）とフランスのシンガ（SINGA）を事例として分析する。これらの NGO が難民問題の何が問題で、何を解決策だと捉えているのか、どのような支援をしているのか、支援の過程でどのようなネットワークを構築しているかを明らかにする。最後に、これらの事例が当事者性の回復という観点からどのような含意をもつかを論じる。

おわりに

　本書で事例として取り上げる人々は、難民として括られる人々のごく一部に過ぎない。無国籍者や国内避難民など、移動していない／できない人々を議論に包摂できたとは言い難いし、「難民条約―UNHCR」を中核とする難民レジームを分析の中心に据えたために、難民条約に加盟していない国々や、国連パレ

スチナ難民救済事業機関の管轄であるパレスチナ難民についてほとんど言及できていない。だが、それらが重要でないという意味では当然ない。今この瞬間にも、世界各地で争いや迫害のゆえに命の危険にさらされ、極めて不安定な状況に置かれた人々がいる。緒方貞子とミノウが望んだ未来志向の「共生を想像する」ことがどれだけ困難であるかは、まさに私たちが身をもって感じていることである。母国に留まっている／留まらざるをえない状況でも、国境を越えて移動の途上にある場合でも、庇護国へ到着後あるいは母国へ帰還する場合でも、人々は冒頭で紹介したクルディ一家のように、それぞれ厳しい制約の中で可能な限りの選択を重ねている。その選択は、家族や自身の生命の安全を守るためであり、少しでも未来への道を切りひらくための必死の行動である。

　難民をめぐる課題の解決を考えるのであれば、国際政治および各国の選好を考慮することなしには、明確な政策や支援が形にならないことも事実である。だが本書は、難民の保護と支援をめぐる各国の対応や国際援助の実践を、いったん相対化して検討する試みである。所与のものとして私たちが受け入れる政策的な決定や実践を「難民の視点ならどうなのか？」と立ち止まって問う試みである。このような作業と問いかけを通じて、難民レジームの現状とその課題、そして今後のあり方について考察するための出発点となれば幸いである。

　最後に、本書で使用される難民は、各章でとくに記載がない限り、条約で定められた難民だけではなく、紛争や人権侵害から逃れて国際的保護を求める避難民などを含む、広義の難民を指すものとする。また、庇護を求め他国へ移動する人についても、難民申請を済ませ審査中の状態であることを強調する庇護申請者という用語と、庇護を希望しているがまだ正式に申請をしていない人も含む庇護希望者という用語がある。各章で特段の記載がない限り、両者を包含する庇護希望者を用いる。

❖ 参考文献 ❖

久保忠行・岩佐光広（2011）「制度批判で見えなくなること——日本の難民の第三国定住制度をめぐって」『国際社会文化研究』第 12 号, 53-82．

橋本直子（2024）『なぜ難民を受け入れるのか——人道と国益の交差点』岩波書店．

村橋勲（2021）『南スーダンの独立・内戦・難民——希望と絶望のあいだ』昭和堂．

UNHCR 駐日事務所（2024）「数字で見る難民情勢（2023 年）」『UNHCR 日本』, https://www.unhcr.org/jp/global_trends_2023（最終閲覧日：2024 年 6 月 30 日）．

UNHCR 駐日事務所（n.d.）『難民保護・Q&A』, https://www.unhcr.org/jp/protection-qa（最終閲覧日：2024 年 10 月 1 日）．

Adler-Nissen, R., K. E. Andersen and L. Hansen (2019) "Images, emotions, and international politics: the death of Alan Kurdi", *Review of International Studies*, 46 (1): 1-21.

Betts, A. and P. Collier. (2017) *Refuge: Transforming a Broken Refugee System*, London: Allen Lane〔ベッツ，アレキサンダー，ポール・コリアー（2023）『難民——行き詰まる国際難民制度を超えて』滝澤三郎監修, 明石書店〕．

Bradley, M., J. Milner and B. Peruniak, eds. (2019) *Refugees' Roles in Resolving Displacement and Building Peace: Beyond Beneficiaries*, Washington, DC: Georgetown University Press.

Garnier, A. (2014) "Arrested Development?: UNHCR, ILO, and the Refugees' Right to Work", *Refuge*, 30 (2): 15-25.

Lister, R. (2021) *Poverty (2nd ed.)*, Cambridge: Polity Press〔リスター，ルース（2023）『新版 貧困とはなにか——概念・言説・ポリティクス』松本伊智朗監訳, 明石書店〕．

Nyers, P. (2006) *Rethinking Refugees: Beyond State of Emergency*, New York: Routledge.

Rajaram, P. K. (2002) "Humanitarianism and Representations of the Refugee", *Journal of Refugee Studies*, 15 (3): 247-264.

Schmalz, D. (2020) *Refugees, Democracy and the Law: Political Rights at the Margins of the State*, London: Routledge.

Sigona, N. (2014) "The Politics of Refugee Voices: Representations, Narratives and Memories", Fiddian-Qasmiyeh, E., G. Loescher, K. Long and N. Sigona, eds., *The Oxford Handbook of Refugee and Forced Migration Studies*, Oxford: Oxford University Press, 369-382.

第1章
難民レジームの歴史的背景および基本概念

堀井 里子（国際教養大学）

はじめに

　本書は、難民レジームを当事者性という観点から問い直すものである。本章では、そのための歴史的背景と理論的視座を提示する。第1節では、難民レジームの歴史的な発展過程を概観する。次に、難民のレジームの制度的な特徴を、国際レジーム論を始めとする枠組みに依拠しながら説明する（第2節）。第3節では当事者性概念について明らかにし、当事者性と難民レジームの関係性について検討する。

第1節　難民レジームの歴史的展開

　序章において、難民レジームは1951年の「難民の地位に関する条約」および1967年の「難民の地位に関する議定書」とUNHCRを中核として構成されると述べたが、どのように構築されてきたのであろうか。本節では、難民保護と難民問題の解決策提供の責任が主権国家にある、ということが共通認識となった20世紀以降に焦点をおいて概観する（Feller 2001; Jaeger 2001）。
　諸国家による最初の難民に関する取り組みの一つは、国際連盟による難民高等弁務官の設置である。初代難民高等弁務官に任命されたナンセン（Fridtjof Nansen）は、当時、ロシア革命により故郷を追われ国外に逃れた多くのロシア

人を保護する活動を行った。ナンセンの名前に由来するナンセン・パスポートは、国籍を剥奪されたロシア人のために作られた難民旅行証明書であるが、のちにアルメニア人や他の無国籍者にも発行され、渡航書類がないために移動が困難であった多くの人々を助けた。当時は今日と異なり個々の難民該当性は判断されず、難民保護は特定の国籍やエスニシティに基づく集団認定によって行われていた。加えて、難民保護は一時的な対応とみなされており、恒久的な保護体制を構築するということは考えられていなかったという (Goodwin-Gill and McAdam 2007: 16; Zolberg et al. 1989: 20)。その後戦間期から第二次世界大戦中にかけて、政府間難民委員会および連合国救済復興機関 (UNRRA) が設立された。前者は強制移住者の再定住を、後者は欧州の難民の帰還と社会復興を目的として活動した。なお、第二次大戦直後には国際難民機関 (IRO) も設立されているが、これらの組織はみな期間限定的であった (柄谷 2004: 60; Goodwin-Gill and McAdam 2007: 16, 19; Zolberg et al. 1989: 20, 23)。

今日の国際難民保護体制が形成されたのは第二次大戦後である。大戦によってもたらされた多くの犠牲や残虐な行為を反省し、1950年にUNHCRが設立され、翌年の1951年に難民条約が国連で採択された。UNHCR事務所規程によれば、UNHCRは難民への国際的保護の提供、そして難民問題の恒久的解決を図るための各国支援を目的とし、展開する事業は人道的、社会的そして完全に非政治的でなければならないとされた。1951年難民条約は、難民の定義と権利、そして「追放・送還禁止の原則(「ノン・ルフールマン原則」)」を含む国家の義務などを規定した。1967年の難民議定書と合せ、今日まで難民レジームの法的基盤となっている。また、世界人権宣言(1948年)および一連の国際人権法が難民レジームを支えている。

ただし、現代の文脈で想定される難民と比較すると、難民条約における難民の定義はかなり限定的である。序章でも触れたように、1951年難民条約第1条A (2) は、難民を、「人種、宗教、国籍もしくは特定の社会的集団の構成員であることまたは政治的意見を理由に迫害を受けるおそれがあるという十分に理由のある恐怖を有するために、国籍国の外にいる者であって、その国籍国の保護を受けることができない者またはそのような恐怖を有するためにその国籍国の保護を受けることを望まない者」と定義している。この五つの理由(人種、

宗教、国籍もしくは特定の社会的集団の構成員であることまたは政治的意見）には、自然災害や貧困、戦争・紛争が含まれていない。橋本は、「戦争や内戦における無差別暴力や副次的被害のみを逃れた者は、差別的取り扱いが無い場合には、難民条約上の難民の対象からは外れるというのが、国際的にも主流且つ説得力のある解釈」であると指摘している（橋本 2024: 21）。さらに、1967 年難民議定書によって取り除かれるまで、条約上の難民の定義には「1951 年 1 月 1 日前に欧州において生じた事件の結果として難民になった者」という地理的・時限的な制限もあった[1]。これらに鑑みると、難民条約が起草された当時、難民条約の定義は「あらゆる難民に適用されるとは想定されていなかった」のである（Goodwin-Gill and McAdam 2007: 36）。

　また、UNHCR が展開する活動に関しては非政治性が求められた一方で、難民保護は各国の利害が絡むため、その活動が政治的な文脈と切り離されたわけではなかった。冷戦下において、米国を中心とする西側諸国はソビエト連邦を中心とする東側陣営からの亡命者を歓迎した。先行研究は、東側陣営からの難民の受け入れは、ソ連による共産主義政治体制を非難するために利用された側面があったことを指摘している（Zolberg et al. 1989: 27）。

　なお、難民レジームは 20 世紀後半にかけてその影響がおよぶ地理的な範囲や活動内容、保護・支援対象者を拡大させた。まず、地理的な範囲についてである。難民レジームは欧州の難民問題の解決を目指して構築されたが、徐々にアフリカ、アジア、中南米にその活動を広げていった。アジアやアフリカでは 20 世紀半ばから脱植民地運動の機運が高まり国家が次々と独立していた。その過程で発生した紛争は多数の難民を生んだため、それらの地域で難民保護と支援が要請されたのである。

　こうした動きに伴い、難民の定義を含め、それぞれの地域の実情に合せた地域的枠組みがアフリカと中南米で取り入れられた。上述したように、アフリカと中南米では武力紛争により故郷を離れざるをえない人々が多くいたが、難民

▶1　なお、難民条約に加入した国は、欧州か欧州以外の地域を含むかを選択できた。当時の全権大使会議は、各国に対し、条約上の地理的および時限的な定義の適用範囲をこえて領域内にいる難民を保護すべきだと勧告し、その勧告に応じて複数の国家が地理的・時限的条件を取り払う配慮をしたとされる（Goodwin-Gill and McAdam 2007: 36）。

条約の「迫害」要件を満たさず、難民としての法的保護を十分に受けられない場合があった。そこで、アフリカ統一機構（OAU）は 1969 年に OAU 難民条約を採択し、「侵略、占領、外国の支配、または公の秩序を著しく乱す事件により避難を余儀なくされた者」も難民と定義した。中南米諸国も 1984 年に「カルタヘナ宣言」を採択し、暴力や内戦、人権侵害から逃れた者も難民と認めた。こうした地域的な動きの一方で、1970 年代までには、国連も UNHCR に避難民や帰還民の支援も要請しており、条約難民にとどまらない人々に支援が行われるようになった（Goodwin-Gill and McAdam 2007: 23）。

　他方で、受け入れ諸国の姿勢は常に開かれていたわけではなかった。1970 年代後半までは、アジア・アフリカ諸国がソ連の影響下に入ることを防ぐため、西側諸国は難民支援に比較的協力的であった（Loescher 1994: 361-362）。しかし、1980 年代に入り冷戦の構図が変化すると、受け入れ諸国の姿勢も変化した。この時期、インドシナやアフガニスタン、中央アメリカ、アフリカの各地域、南部アフリカ地域において内戦が発生、長期化し、多くの人々が周辺諸国に避難した。こうした状況において、先進諸国や国際機関などは包括的かつ長期的な解決策や、キャンプ生活の代替策を提示することができなかった（Loescher 1994: 363）。

　1990 年代に入り冷戦が終結すると、難民の保護と支援をめぐる国際環境も変化する。1990 年代に国連難民高等弁務官として UNHCR を率いた緒方貞子が「米ソの対立がなくなり、『重し』がなくな（緒方 2000: 2）」ったと語ったように、二極体制が取り除かれた結果、冷戦下で抑え込まれていた民族対立や地域紛争が表面化し、各地で人道危機が発生したのである。当時、UNHCR はクルド人支援（イラク北部の安全地帯への帰還を支援）や旧ユーゴスラビア紛争、コソボ紛争での被災者への支援（緊急人道支援など）にあたっていた。緒方は、現地を度々視察し、従来からの事後的活動（難民発生後の庇護の提供）では支援が追い付かないと判断し、難民の発生を未然に防ぐために紛争中の国・地域へも関わるようになったという（野林・納家 2021）。また、この頃から国内避難民支援も積極的に行われるようになった。国内避難民は 1990 年代から大幅に増えており、国内避難民問題は「国際社会の正当な関心事」であり、保護・支援を提供すべきだという意識が徐々に広まっていた（副島 2014: 89）。だ

が、国内避難民には難民条約が適用されないという問題があったため、国連は1998年に「国内避難民に関する指導原則」を発表し、支援の指針とした。また、2005年からはクラスター・アプローチを採用した。クラスター・アプローチとは国連人道問題調整事務所（OCHA）の調整のもと、各分野（クラスター）毎に主導機関を決め、国際機関同士の連携体制を構築するものである。国内避難民の保護・支援については、UNHCRが主導機関として保護や避難所などを提供しており、今日までにUNHCRの主要な活動の一つとなっている。

　21世紀に入ってからも、武力紛争や少数民族の迫害など、難民や避難民が多数発生する事例は枚挙にいとまがない。シリア内戦では多くの国民が国内避難民となった。国外に流出したシリア人は大部分がヨルダンなど近隣諸国に身を寄せたが、序章で紹介したアラン・クルディ一家のように欧州を目指す人も少なくなかった。ロシアのウクライナ侵攻では、女性と子どもを中心とした何百万人ものウクライナ人が欧州を中心に世界各国に逃れ生活している。イスラエルによるガザ侵攻、スーダンの人道危機を含め、人々がただ生きるために故郷を捨て保護を求めている。国際的保護を必要とする人の数が増える一方で、難民の受け入れ先の確保はますます難しくなっている。多くの受け入れ国は難民の自主的帰還を推奨し、UNHCRや国際移住機関（IOM）をはじめとした国際機関は「持続可能な社会復帰」や「帰還者支援と開発」など、国際開発支援との調整・連携を通した難民支援プログラムを行うようになった。実際、今日の難民レジームは、人権や安全保障、移住労働など関連する政策領域との調整・連携が不可欠となっている。

　近年の国際的な難民保護・支援の動きとして特筆すべきは2018年の「難民に関するグローバル・コンパクト」である。その2年前の2016年、「欧州難民危機」に世界が注目する中で、移民と難民の人権を尊重し、受け入れ国への支援を国際社会が一丸となって取り組むことを、各国が国連総会で確認した（ニューヨーク宣言）。これを受け、国連は「安全で秩序ある正規の移動のためのグローバル・コンパクト（GCM）」と「難民に関するグローバル・コンパクト（GCR）」を2018年に採択した。難民問題に取り組むGCRは、既存の国際的な難民保護体制に基礎を置き、（1）難民受け入れ国の負担軽減、（2）難民の自立促進、（3）第三国定住の拡大、そして（4）安全かつ尊厳ある帰還に

向けた環境整備の四つを目標に据えた。これらの目標達成のため、「包括的難民支援枠組み（CRRF）」の中で、難民を含む多様なステークホルダーの動員や多様な投資形態の形成、人道支援と開発援助の連携などのアプローチが示された。好事例や課題を継続的に話し合う「グローバル難民フォーラム（GRF）」の定期開催も約束された。

　こうした動きをきっかけとして構築されたグローバル難民フォーラムなどのプラットフォームには、政府、民間企業、NGO、難民など様々な主体が集まり、資金援助や技術支援を含めた難民支援のイニシアティブを構築、支援している。GCR を通して国際的な協力が強化されたことは、歓迎すべきである。とくに難民が、政府や企業、NGO と並ぶ対等なステークホルダーとして位置付けられたことは重要な進展である。しかし、GCR の焦点は受け入れ国の負担の軽減と難民の移動の管理にあり、難民の保護を主軸とした枠組みではないとも指摘されている。チムニ（Bhupinder S. Chimni）は、GCR が国際協調を推し進める可能性を評価しつつも、西欧諸国による介入の責任が追及されず、また難民の入国阻止政策（non-entrée policy）ばかりが進むことを懸念している（Chimni 2018: 631）。そもそも GCR は法的拘束力を持たないため、この枠組みへの参加やコミットメントの程度を決めるのは各国の裁量である。

　このように、難民をステークホルダーとして国際的な議論・決定過程への参画させる取り組みが近年みられるものの、第二次大戦後に発展した国際的な難民保護・支援体制は、国家の利害関係が支援や保護のあり方に強い影響をおよぼしてきた。こうした現状を踏まえたうえで、難民レジームの検証が必要とされている。

第2節　難民レジームの制度的特徴

　本節では、最初に難民レジーム研究の土台となっている二つの国際政治学上の理論である国際レジーム論とグローバル・ガバナンス論について概観する。次に、第1節で整理した歴史的な発展過程を踏まえながら、現行の難民レジームがどのような特徴を備えているかを検討する。

　国際レジーム論は、上位主体が不在の国際政治において、なぜ国家が協調す

るのか、どのように秩序が形成、維持されるのかを説明する枠組みとして発展したものである（山本 2008: 33）。主要な定義を示したクラズナー（Stephen D. Krasner）によれば、国際レジームとは「所与の争点領域における明示的もしくは暗黙の原則、規範、ルール、および意思決定手続きの総体であり、それを中心として行為者の期待が収れんしていくもの」である（Krasner 1982: 186）。国家の行動はこれら一連の規範やルールの存在を通して制御され、収れんをみせると期待されている。国際レジームには、民間企業の役割に着目したプライベート・レジーム論などもあるが、基本的には、国家（および国際機構）を主要な行為主体として捉える分析枠組みであり、難民保護と支援に関する国際体制を対象とした研究でも広く用いられている。さらに、もう一つの有力な理論枠組みにポスト冷戦期の新たな国際情勢下において発展したグローバル・ガバナンス論がある（Commission on Global Governance 1995; Rosenau 1992）。グローバル・ガバナンス委員会（Commission on Global Governance）によれば、グローバル・ガバナンスは以下のように定義される（Commission on Global Governance 1995: 3-4）。

　　　（グローバル・ガバナンスとは）公私を問わず、個人そして機構が彼らの共通の事項を管理する多くの方法の全体である。それは対立するあるいは多様な利益を調整し、あるいは協力的な行為がとられる継続的な過程である。それは、遵守を強制することを付与されたフォーマルな機構やレジームを含むとともに、人々や機構が合意したか、彼らの共通の利益となると考えたインフォーマルな枠組みをも含むものである。

　この定義は、国家や国際機構だけではなく、当時すでに国際関係において重要な役割を担うようになっていた国際 NGO や民間企業も行為主体として想定している。国際レジームは公式なルールに基づく国家間協力に着目し、グローバル・ガバナンスは非公式なネットワークや強制力を伴わない政策プログラムも重視する。また、想定される統治手法も多様である。さらにグローバル・ガバナンスが想定する行為主体間の関係性は、より非階層的・水平的である（山本 2008: 169）。こうした相違点がある一方で、両理論の類似点は、国際社会に

29

おける相互依存の深化が共通の問題を生み出し、そのような共通の事態について管理・解決する機能を持つところにある（山本 2008: 171）。グローバル・ガバナンスは、国際レジームを「主体、方法、問題領域の各次元においてレジームを拡張しようとするもの（山本 2008: 173）」であり、「より包括的で大きな概念（渡辺・土山 2001: 8）」であるともいわれている。

　国際レジーム論およびグローバル・ガバナンス論は、難民に関する先行研究において、国際的な保護・支援体制の特徴を捉え、理解する枠組みとして用いられている。本書も、両方の枠組みから示唆を得ているが、本書では難民ガバナンスではなく難民レジームという呼称を用いている。その理由は、グローバル・ガバナンス論で提示されるような統治の特徴が難民分野においてみられないからではなく、「難民条約─UNHCR」という公式の制度の役割を強調したうえで、国家中心的な難民レジームの構造や実態を問い直すことを目的とするためである。

　現行の難民レジームの特徴は複数あるが、本書の趣旨に鑑み以下の2点を提示したい。一つは、難民レジームと他の政策領域との相互関係である。難民保護は、レジーム成立初期においては、他の政策分野で国際的な制度化が進んでいなかったこともあり、いくつかの例を除き、政策間の調整や国際機構間での活動内容・領域の顕著な重複はみられなかった。その後各政策分野で制度化が進み、それと並行して、難民レジームも庇護の提供から緊急時対応、紛争地域での活動、帰還後の社会復帰支援、庇護国での生活支援など多岐にわたる業務を UNHCR が担うようになり、支援活動に広がりをみせた。

　その結果、難民レジームは複数の政策領域と重なり合い「レジーム複合体（regime complex）」を形成している（Betts 2013; 滝澤 2016; 中山 2014）。図 1-1 が示すように、難民レジームは人権、人道、安全保障、開発、移住労働などの関係領域のレジームと重なり合っている。その重複の程度や関係性は、それぞれ異なる。たとえば人権レジームの中核である国際人権法は難民条約で保護できない人を保護する基盤の役目を果たしており、難民レジームと相当の重なり

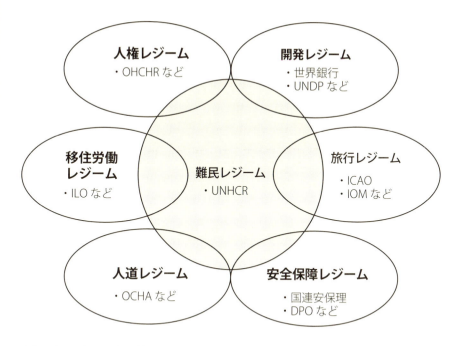

出典：ベッツ（2013:73）を基に、筆者作成。

図1-1 難民レジーム複合体の概念図

がある[2]。開発レジームにおいては、世界銀行や国連開発計画（UNDP）が難民の出身国および受け入れ国においてUNHCRの活動を補完している。他にも、難民の労働市場への参入については国際労働機関（ILO）、人道支援についてはOCHA、紛争、平和構築、安全保障に関しては安全保障理事会や国連平和構築委員会との調整が図られている（Betts 2013: 72）。

　レジーム複合体は、国家にとっては、問題解決のためにコミットできるレジームについて選択肢があることを示す（「フォーラム・ショッピング」）。こ

▶2　中山は、レジーム複合体において人権・人道レジームが難民レジームも含めた他の政策領域のレジームを大きく包摂し、入れ子状態になっているという概念図を紹介している（中山 2014: 28）。

のことは、国家が難民問題を解決するうえで、難民レジームを迂回し別のレジームで解決策を模索する可能性があることを意味する。ベッツ（Alexander Betts）は、安全保障レジームや開発レジームなど他の政策領域においても難民に関する決定がなされていると指摘し、UNHCR は難民レジームを超えて話し合いの場に関わる必要があると主張している（Betts 2013: 75）。レジーム複合体は、重複する政策領域間で国際機構を含む関連主体がその活動を調整・協調する機会を提供する一方で、場合によっては緊張関係や競合関係をもたらすことがある。問題は、こうしたときに当事者である難民が受けるべき保護・支援を受けられるか、当事者性の回復という観点から、どのような意味をもつかということである。

難民レジームのもう一つの特徴は、保護と支援の対象範囲の拡大である。難民条約は、現行の難民レジームが構築されて以来変わらずレジームの中心的な法的文書である。だが、今日までに UNHCR の任務は、難民条約や UNHCR 事務所規程に加え、国連総会や関連決議、地域条約などを通じて、紛争や蔓延する暴力から逃れるために避難を強いられた避難民、無国籍者、帰還民、国内避難民、その他の事情で国際的保護を必要とする人々を対象に含む形で拡大している（UNHCR n.d.）。難民問題の「当事者」を画定する外縁が拡張する中で、当事者性の回復とは具体的に何を指すのか、その実態と課題を明らかにすることが求められている。

第 3 節　難民の当事者性

本節では当事者性という概念について先行研究を整理し、どのように適用できるかを検討する。当事者性は多義的な用語であり、これまで社会学を含めた様々な専門領域で議論されてきた[3]。本書では当事者性を、当事者が主体的に判断、選択し、行動できる自己決定能力と定義する。こうした理解は主体性や自立、自律などの概念に基礎づけられたものである。

まず、主体性は難民だけでなく様々な分野で用いられる概念である。リス

▶ 3　当事者性について、福祉社会学や社会運動論、教育学などの分野で活発な議論がなされている（中西・上野 2003; 西城戸 2010; 天田 2010）。

ター (Lister) は、貧困者を対象とした研究において、エージェンシー（主体性／行為主体性）を「自律した、目的のある、創造性を持った行為者、ある程度の選択能力と選択可能性のある行為者としての個人を性格づける」ものと定義している（Lister 2021 ＝ 2023: 183）。この定義には、ある人が外的な強制ではなく内的な目標や意思に基づいて行動できること、主体的に問題に取り組み、みずからが置かれた環境を積極的に変える力を持っていること、そして何らかの状況に直面したときに、選択肢をもち、それらの中から適した選択をする能力をもっている、などの状態が含意されている。もちろん、そのような選択能力は自由に発揮できるわけではなく、一定の制約に規定されるし、そうした制約は、政治的、経済的、社会的、文化的、歴史的、制度的な要因に影響を受ける（Bradley *et al.* 2019）。制約がある中でも個人の選択機会の幅が広げられるような制度形成や、当事者の視点が制度や意思決定過程に反映される必要性を提起しており、本書の当事者性の根幹を成すものである[4]。

次に自立と自律に関してであるが、UNHCR によれば、自立とは「個人、世帯、またはコミュニティが、保護、食料、水、住居、個人の安全、健康、教育を含む基本的なニーズを、持続可能な方法でかつ尊厳をもって満たすための社会的・経済的な能力（UNHCR 2005: 1）」である。この定義から明らかなように、UNHCR による自立概念は経済的な脱依存・自立のみを意味していない。しかし、支援プログラムとしての方針には、対象となる難民の生計手段を強化することに加え、長期的には外部支援の依存を減らすことが明記されている。実際の支援プロジェクトも、経済的自立に政策的な焦点がもっぱら置かれていることが指摘されている（Easton-Calabria 2022: 3）。スクランとイーストン＝カラブリア（Claudena Skran and Evan Easton-Calabria）は、このように自立の理解が経済的・物質的な側面に偏りがちな点や、政治的な自立に関する議論の不足を批判し、自立をより保護と基本的人権に立脚させ、難民自身の視点に基づいた支援を考慮する必要性を指摘している（Skran and Easton-Calabria 2020: 1617）。その観点から、難民の自己統治を重視する「自身の規範に沿って行動する自律

▶4　その他にも、エージェンシーを関係性と時間性の中に位置づけ、現在の行動可能性だけでなく代替の未来や過去の生活・考え方を再創造するものとして捉える視角もある（Bauer-Amin *et al.* 2022: 21）。

（久保 2010: 2)」に関する議論は、当事者性を考えるうえで重要な視点を提供している。なお、これら複数の概念の中で本書が「当事者性」を用いる一つの理由は、難民は「難民問題」の当事者にもかかわらず、その視点が後回しになりがちな状況を強調するためである。難民が当事者であることを強調しなければならない状況そのものが「当事者たる難民の不在」を示しているともいえるだろう。

　本書が分析の対象とする人々の法的な滞在資格や置かれた状況は様々であるが、当事者性が損なわれた状況にあるということができるだろう。社会的な側面に関していうと、長期にわたる難民状況や強制移動の過程で失われるものは住居や財産のような物質的なものだけではなく、それまで築き上げてきた人間関係や社会的なつながりも含まれる。庇護国で難民認定を受け法的な保護や滞在資格が与えられても、こうした、いわゆる社会関係資本といわれるものは容易に回復されない。法的に保障された地位や付与されるべき滞在資格や権利について、条約難民（や部分的には庇護申請者）に関しては難民条約が一連の権利を規定している。だが、庇護国がそれらをすべて保障しているわけではない。実際、先行研究は複数の国々が難民の権利、とりわけ経済的、社会的権利を公式に否定していると指摘している（Hathaway 2005=2014）。政治的な側面に関していえば、小池（2017）は難民が庇護国において政治的空間から周縁化され、そのことが難民の不安定性を構成していると論じている。この不安定性が構成されるのは、難民が自身の意見を表明することが困難であり、自分たちのニーズや課題を訴えるための経路をもたないことが背景にある。また、政治的な運動に関与する機会も極めて限られている。結果として、自分たちの意向が反映されないまま政策や支援策が一方的に決定され、当事者性が損なわれるような状況が生まれてしまう。

　先行研究はどのようなアプローチから、難民の当事者性を研究してきたのか。これまで難民の当事者性は、難民個人やコミュニティを対象とする人類学や社会学のアプローチから主に研究されてきた（Harrell-Bond 1986; Malkki 1992; Turton 2003; 久保 2010, 2017; 村橋 2021）。社会人類学者のチャティ（Dawn Chatty）が、人類学は「下からの視点」をもち難民に声と主体性を与えるものであると論じたように（Chatty 2014: 74）、難民やコミュニティに焦点をおいた

研究は、難民の生活世界を捉え、難民の脆弱さやしたたかさなど多面的な姿を明らかにしてきた。

　他方で、マクロ・レベルのアプローチを持つ研究では、難民個々人の当事者性よりも、国家や国際機構の行動や国家間協力を引き出すメカニズムとしての難民レジームの作用の解明などが試みられてきた（Barnett 2002; Betts 2011; 赤星 2020; 川村 2019; 杉木 2018; 中山 2014, 2017）。日本語で書かれた先行研究も数多く存在する。たとえば杉木（2018）は、国際難民レジームは難民保護レジームと負担分担レジームという二つのサブ・レジームによって構成されていると捉え、前者（難民保護）は法的強制力を伴った規範が整備されているが後者（負担分担）は法的強制力を有する規範が存在しないと指摘し、国際的な負担分担をいかに実現するかについて検討した。中山は、難民ガバナンスを「『難民は国際的に保護されるべき』であり『難民問題は解決されるべき』であるという国際的に共有された規範の達成のための協調に向けた一連のプロセス（2014: 23）」と定義し、難民ガバナンスが「難民問題の変化に伴って変容し、当事国以外の国家を内包する形で発展している（中山 2014: 7）」ことを踏まえ、その変容過程を解明した。赤星は、国内避難民にフォーカスした研究において、グローバル・ガバナンスを「地球公共財の提供や脱国家的な問題に関して『国境を越えて権威を行使する』営みである（赤星 2020: 22）」と定義し、国家や国際機構、NGO などの「グローバル統治者」間の関係性の解明を目指した。これらの先行研究は、各主体の役割とその相互作用、国際協調を促すメカニズムなど多岐にわたる論点の解明に貢献してきた。だが、その多くは国家中心的な秩序を前提とし、分析の対象は保護・支援を提供する国家、国際機構、もしくは市民社会組織であり、難民の視点やかれらの主体性は研究の射程に入らなかった。

　だが、徐々に、マクロ・レベルの視点を保ちつつ個々の難民や難民グループの経験や視点、その当事者性に着目する研究がみられるようになってきたのも事実である（Bauer-Amin *et al.* 2022; Bradley *et al.* 2019; Easton-Calabria 2022; Pincock *et al.* 2020; Schmalz 2020; 小泉 2023; 錦田 2019; 米川 2017）。それらの研究は、難民を国際関係における非国家主体として捉え、支援の供与者としての役割を分析したり、既存の制度がいかに難民の主体性を解釈し内面化してきた

か、アイディアや言説を分析するなど様々なアプローチを採用している。ピンコックら (Kate Pincock et al.) は、難民ガバナンスの影響を受ける人々を「グローバル被統治者」、権威をもち統治する側を「グローバル統治者」として概念化し、ウガンダとケニアで活動する難民主導組織が、帰属先のコミュニティに社会的保護を提供していることを示した。そして「グローバル被統治者」として捉えられる難民・避難民が、規範形成や公共財の創出と提供に貢献するグローバル・ガバナンスに不可欠な主体になっていると主張した (Pincock et al. 2020)。ピンコックらの研究は、難民が保護・支援の被供与者でありながら供与する側にも立てるという、その役割の複合性を示した。また、ブラッドリーら (Megan Bradley et al.) は、難民は、提供される支援プログラムへ同意し参加するだけの受身の存在ではなく、ときには不参加や抵抗運動を展開してかれらに対する統治に相対する存在でもあることを指摘した。そして、難民や避難民が単なる受益者ではなく、強制移住の苦境を自分たちで把握し、解決に向けて行動を起こすアクターであることを論じた (Bradley et al. 2019)。さらに、難民の視点と戦略をより深く理解し、それを難民の保護・支援に関する制度に反映させることの重要性も指摘している。これらの研究からは、難民の当事者性と難民保護の相互補完的な関係が読み取れる。母国との紐帯が断ち切られた難民にとって、不安定な立場に由来する脆弱性や保護の必要性は否定されるべきものではない。だが、難民の多面性と主体性が認識されることで、保護の受益者としてだけでなく、難民は戦略的にみずからの生活とコミュニティを再構築する主体にもなる。その様な観点から、難民レジームの規範や支援主体、実践を再検討する必要がある。

おわりに

本章では、難民レジームの歴史的背景、制度的特徴、そして難民の当事者性概念について検討した。難民レジームは戦後の国際秩序の中で構築され、徐々に活動範囲や支援対象者を拡大してきたが、その発展の過程で、難民の当事者としての視点が後回しにされる構造が温存されてきたことを指摘した。難民は保護・支援の受益者として、もしくは経済的に自立した能動的な存在として一

方的に語られる傾向がある。これらの対極的なイメージは、いずれも難民の主体性を限定的に描き出すものであり、難民の多様性を考慮した議論が必要であることを示している。次章から第8章まで、執筆者各々の専門的な知見と問題意識から異なる状況や段階にある難民を事例に、難民レジームの規範と原則、関係主体、実践の実態を多様な側面から分析する。そして、難民の当事者性を回復する上で直面する構造的な課題や今後の展望が提示される。

❖ 参考文献 ❖

赤星聖（2020）『国内避難民問題のグローバル・ガバナンス』有信堂高文社．

天田城介（2010）「底に触れている者たちは声を失い、声を与える──〈老い衰えゆくこと〉をめぐる残酷な結び目」宮内洋・好井裕明編『〈当事者〉をめぐる社会学──調査での出会いを通して』北大路書房．

緒方貞子（2000）「人道支援と国際政治──難民援助の現場から」『UNHCR NEWS』第14号：2-6．

柄谷利恵子（2004）「『移民』と『難民』の境界：作られなかった『移民』レジームの制度的起源」『広島平和科学』第26号：47-74．

川村真理（2019）『難民問題と国際法制度の動態』信山社．

久保忠行（2010）「依存から『自律』へ──難民の自助的活動に関する人類学的考察」『Kyoto Working Papers on Area Studies（人間圏の探求シリーズ）』第89巻91号：1-20．

久保忠行（2017）「難民研究へのアプローチ──人類学の視点から」『移民研究年報』第23号：7-20．

小池克憲（2017）「難民問題解決としての労働について」『難民研究ジャーナル』第7号：34-51．

小泉康一（2023）『「難民」とは誰か──本質的理解のための34の論点』明石書店．

杉木明子（2018）『国際的難民保護と負担分担──新たな難民政策の可能性を求めて』法律文化社．

副島知哉（2014）「ケニア・ダダーブ難民キャンプの生計支援に関する一考察」墓田桂・杉木明子・池田丈佑・小澤藍編『難民・強制移動研究のフロンティア』現

代人文社 : 301-308.

滝澤三郎（2016）「難民と国内避難民をめぐるダイナミズム——国際公共財の観点から」『移民政策研究』: 6-25.

中西正司・上野千鶴子（2003）『当事者主権』岩波新書．

中山裕美（2014）『難民問題のグローバル・ガバナンス』東信堂．

中山裕美（2017）「難民レジームの危機の検討——負担分担と安全保障の関連から」『国際安全保障』第 45 巻 3 号：35-50.

錦田愛子（2019）「紛争・政治対立と移動のダイナミクス——移民／難民の主体的な移動先選択」小泉康一（編著）『「難民」をどう捉えるか——難民・強制移動研究の理論と方法』慶應義塾大学出版会．

西城戸誠（2010）「当事者へのかかわりと当事者としての『実践』を考える——社会運動論・環境社会学の私的な経験から」宮内洋・好井裕明編『〈当事者〉をめぐる社会学——調査での出会いを通して』北大路書房．

野林健・納家政嗣（2021）『聞き書 緒方貞子回顧録』(岩波現代文庫) 岩波書店．

橋本直子（2024）『なぜ難民を受け入れるのか——人道と国益の交差点』岩波書店．

村橋勲（2021）『南スーダンの独立・内戦・難民』昭和堂．

山本吉宣（2008）『国際レジームとガバナンス』有斐閣．

米川正子（2017）『あやつられる難民——政府、国連、NGO のはざまで』ちくま新書．

渡辺昭夫・土山實男（2001）『グローバル・ガヴァナンス』東京大学出版会．

Barnett, L. (2002) "Global Governance and the Evolution of the International Refugee Regime," *International Journal of Refugee Law,* 14(2) and (3): 238-262.

Bauer-Amin, S., L. Schiocchet and M. Six-Hohenbalken (2022) *Embodied Violence and Agency in Refugee Regimes: Anthropological Perspectives,* Bielefeld: transcript Verlag.

Betts, A. (2011) *Global Migration Governance,* Oxford: Oxford University Press.

Betts, A. (2013) "Regime Complexity and International Organizations: UNHCR as a Challenged Institution," *Global Governance,* 19(1): 69-81.

Bradley, M., J. Milner and B. Peruniak eds. (2019) *Refugees' Roles in Resolving Displacement and Building Peace: Beyond Beneficiaries,* Washington, D.C.: Georgetown University Press.

Chatty, D. (2014) "Anthropology and Forced Migration," Fiddian-Qasmiyeh, E., G. Loescher, K. Long and N. Sigona eds., *The Oxford Handbook of Refugee and Forced Migration Studies,* Oxford: Oxford University Press.

Chimni, B. S. (2018) "Global Compact on Refugees: One Step Forward, Two Steps Back," *International Journal of Refugee Law*, 30(4): 630-634.

Commission on Global Governance (1995) *Our Global Neighbourhood: The Report of the Commission on Global Governance*, Oxford: Oxford University Press.

Easton-Calabria, E. (2022) *Refugees, Self-Reliance, Development: A Critical History*, Bristol: Bristol University Press.

Feller, E. (2001) "The Evolution of the International Refugee Protection Regime," *Washington University Journal of Law and Policy*, 5: 129-139.

Goodwin-Gill, G. S. and J. McAdam (2007) *The Refugee in International Law (3rd ed.)*, Oxford: Oxford University Press.

Harrell-Bond, B. (1986) *Imposing Aid: Emergency Assistance to Refugees*, Oxford: Oxford University Press.

Hathaway, J. (2005) *The Rights Of Refugees Under International Law*, Cambridge: Cambridge University Press〔ハサウェイ, ジェームス・C（2014）『難民の権利』佐藤安信・山本哲史訳, 日本評論社〕.

Jaeger, G. (2001) "On the history of the international protection of refugees, *Revue Internationale de la Croix-Rouge/International Review of the Red Cross*, 83(843): 727-738.

Krasner, S. D. (1982) "Structural Causes and Regime Consequences: Regimes as Intervening Variables," *International Organization*, 36(2): 185-205.

Lister, R. (2021) Poverty (2nd ed.), Cambridge: Polity Press〔リスター, ルース（2023）『新版 貧困とはなにか——概念・言説・ポリティクス』松本伊智朗監訳, 明石書店〕.

Loescher, G. (1994) "The International Refugee Regime: Stretched to the Limit?," *Journal of International Affairs*, 47(2): 351-377.

Malkki, L. (1992) "National Geographic: The Rooting of Peoples and the Territorialization of National Identity among Scholars and Refugees," *Cultural Anthropology*, 7(1): 24-44.

Pincock, K., A. Betts and E. Easton-Calabria (2020) *The Global Governed? Refugees as Providers of Protection and Assistance*, Cambridge: Cambridge University Press.

Rosenau, J. N. (1992) *Governance Without Government: Order and Change in World Politics*, Cambridge: Cambridge University Press.

Schmalz, D. (2020) *Refugees, Democracy and the Law: Political Rights at the Margins of the State,* Oxon: Routledge.

Skran, C. and E. Easton-Calabria (2020) "Old Concepts Making New History: Refugee Self-reliance, Livelihoods and the 'Refugee Entrepreneur'," *Journal of Refugee Studies*, 33(1): 1-21.

Turton, D. (2003) "Refugees, Forced Resettlers and Other 'Forced Migrants': Towards a Unitary Study of Forced Migration," Working Paper 94, *UNHCR*.

UNHCR (2005) *Handbook for Self-reliance.*

UNHCR (n.d.) UNHCR's mandate for refugees and stateless persons, and its role in IDP situations, https://emergency.unhcr.org/protection/legal-framework/unhcr%E2%80%99s-mandate-refugees-and-stateless-persons-and-its-role-idp-situations（最終閲覧日：2024 年 10 月 30 日）.

Zolberg, A. R., A. Suhrke and S. Aguayo (1989) *Escape from Violence: Conflict and the Refugee Crisis in the Developing World*, Oxford: Oxford University Press.

第2章
集団安全保障レジームと難民レジームの補完と相克

上野 友也（岐阜大学）

はじめに

　国連安全保障理事会は、国連憲章に基づいた集団安全保障レジームの枠組みを用いて、国家の領土保全や政治的独立を侵害する武力の行使や威嚇に対してのみならず、人間の生命や安全に対する脅威を排除するために制裁を科すようになった。その脅威の一つに、難民に対する暴力がある。一方、国連難民高等弁務官事務所は、難民レジームの主要なアクターとして、政治的迫害から国外に避難した難民などを保護する役割を担うだけでなく、武力紛争の脅威から避難した難民も救済の対象としてきた。このように、集団安全保障レジームと難民レジームはともに、武力紛争の被害者である難民の支援を促進しつつある。

　本稿では、集団安全保障レジームと難民レジームが接近する過程において、どのように両者が補完し合い、あるいは相克がみられたのかを考察する。なお、これらのレジームでは、難民はレジームが保護する客体として位置づけられ、その当事者性が十分に認識されておらず、難民の当事者性を回復するためにはどのようにすればよいのかを考える。

第1節　難民

本稿において難民という語は、難民の地位に関する条約と難民の地位に関する議定書に定義された条約難民のほかに、これに該当しないが武力紛争や人道危機などの脅威から国境を越えて逃れた人々、国境を越えずに住居地を逃れた国内避難民も含めた包括的な概念として用いることにする。とくに本稿が問題とするのが、武力紛争における難民である。

第2節　難民の当事者性

難民の当事者性には二つの側面がある。一つは、難民がどのような行為を通じて当事者性を高めることができるのかという難民個人の行動の側面である。もう一つは、難民がどのような環境において当事者性を発揮できるのかという難民レジームの構造と制度の側面である。この二つは密接に関連し合うものであるが、本稿における主眼は後者にある。

それでは、難民の当事者性を伸ばすための基盤にはいかなるものがあるであろうか。たとえば、教育や情報へのアクセス、健康や福祉の享受、経済的な安定、社会的なネットワークと支援の枠組みへの包摂、意思決定への参加、アイデンティティの尊重、心理的・物理的な安全などがあげられる。本章では、武力紛争における難民の意思決定が、和平後の平和に寄与すると考えられることから意思決定への参加を中心に論じる。

第3節　難民保護の安全保障化

昨今、国連安全保障理事会が難民保護をアジェンダの一つとして積極的に討議するようになった。それには、少なくとも三つの理由がある。第一は、冷戦構造の崩壊である。アメリカとソビエト（ロシア）が国連安全保障理事会において拒否権の発動を控えて協働するようになり、集団安全保障レジームが機能不全の状態から回復した。第二は、湾岸戦争とクルド難民支援である。湾岸戦

争後にイラク政府はイラク北部のクルド人を弾圧し、クルド難民がトルコとイランに流入し、地域の安全が脅かされるおそれが生じた。国連安全保障理事会は決議 688 を採択し、多国籍軍によるクルド難民支援を承認した。それ以後、国連安全保障理事会は国連憲章第 7 章に基づき、難民の大規模な流出といった人道危機を国際の平和と安全に対する脅威として認定し、国連平和維持活動や加盟国に対して必要なあらゆる手段を行使する権限を承認することで難民支援に着手した。第三は、グローバリゼーションの進展である。アメリカ同時多発テロリズム事件や欧州への大規模な難民の流出やテロリズムなどによって、紛争地域の国家やその国民の安全が欧米諸国やその国民の安全に影響を与えるようになった。それにより、欧米諸国は紛争地域に介入して管理し、みずからの国家と国民の安全を保持しようとした。たとえば、アメリカは同時多発テロリズム事件後に、アルカイダの指導者オサマ・ビン・ラディンを匿うアフガニスタンを空爆し、タリバン政権を崩壊させて戦後統治を推進した。

　これまでの国連安全保障理事会を中心とする集団安全保障レジームは、国際平和の維持と回復を目的としたレジームであり、強制措置を用いた主権国家体制の維持を最大の目的としていた。しかし、国連安全保障理事会は難民の大規模な発生を安全保障上の脅威と位置づけ、難民保護の安全保障化を進めて、紛争地域での難民支援に乗り出している。それにより集団安全保障レジームは、国連難民高等弁務官事務所を中心とした難民レジームとのあいだで、難民の保護をめぐるレジーム複合体を構成してきた。なお、難民レジームの概要に関しては後述する。

第 4 節　レジーム

第 1 項　レジームの定義と特徴

　レジームとは、スティーヴン・クラズナー（Stephen Krasner）によれば、国際関係の問題領域における明示的あるいは暗黙の、原則、規範、ルール、そして意思決定の手続きのセットであり、それを中心としてアクターの期待が収斂していくものである（Krasner 1983: 2）。レジームの目的は、相互依存が進んだ

国際社会において、特定の問題や課題に対処するために、国家や非国家主体が協調して作り上げた国際関係における枠組みを構築することにある。

第2項　集団安全保障レジーム

集団安全保障レジームは、国連憲章に基づいた集団安全保障制度に基づく国際の平和と安全に関するレジームである。国際社会における潜在的な敵国も含めた集団を形成し、不当に平和を脅かした国に対しては、その他の国々が集団で制裁するという国際安全保障体制を目指す。すべての国家が武力不行使義務に同意し、国連安全保障理事会は決議に基づいて強制措置を決定し、国家が強制措置を実行する。これを法的に基礎づけるのが、国連憲章である。国連憲章の表決手続に基づいて強制措置の発動を決定するが、その決定には少なくとも常任理事国の一致が必要である。なお、常任理事国の一つが拒否権を発動すれば、集団安全保障レジームは機能しない。[1]

第3項　難民レジーム

難民レジームとは、難民の権利と利益を保障するためのレジームである。難民の権利と利益の保障とは、難民が自国から迫害や暴力を逃れて他国等に逃れた場合に、その国で受けられる法的・物理的・社会的な保護のことを意味する。国連難民高等弁務官事務所は、難民の地位に関する条約と議定書の適用を監督し、難民認定基準を明確化するなど、国際難民レジームの発展に貢献している。また、各国政府やNGO、開発援助機関などと協力して、難民の恒久的解決策を追求している。難民の地位に関する条約と議定書では、難民の定義やノン・ルフールマン原則、裁判や教育などの公共サービスへのアクセス、移動の自由、経済活動の自由、性別や年齢に応じた支援や保護、身分証明書や旅行証明書などの必要な書類を発行されることなど、難民に対する最低限の保護基準を規定している。なお、第1章で述べられているように、難民レジームにおいては、[2]

▶1　集団安全保障レジームでは、地球環境に関する諸レジームとは異なり集合的決定に科学的知見が用いられるかといえばそうではない。それは、その決定に政治的な判断が入り込むからである。
▶2　難民条約の当事国は146か国、難民議定書の当事国は147か国である（国連難民高等弁務官事務所ホームページ参照）。一方、国連憲章の当事国は193か国である。それに比

問題領域が条約難民から国内避難民にまで拡張し、難民条約からグローバル・コンパクトの形成など規範やルールが整備されてきたことから、その実効性はともかくとしてレジームの拡大がみられることになった。また、難民レジームは拡大するだけでなく、その性質や対象を変容させることもある。

第5節　レジーム複合体

　レジーム複合体に詳しいラウスティーアラ（Kal Raustiala）とヴィクター（David G. Victor）によれば、レジーム複合体とは、特定の問題領域を管理する、部分的に重複する非階層的な制度のことである（Raustiala and Victor 2004: 7）。多数のレジームが併存しており、そのレジーム間の関係を指す。[3] レジーム複合体については、レジーム論やグローバル・ガバナンス論の第一人者である山本吉宣の分類が参考になる（表2-1）。

　水平的関係とは、レジーム間に上下関係がなく、問題領域も基本的には別のものであり、規範やルールも別のものである。垂直的関係とは、同じ問題領域において、上位のレジームが基本的な規範・ルールを設定し、下位のレジームは、その規範・ルールに整合的な範囲内で、上位のレジームのアクターのサブ

表 2-1　レジーム間の関係

		水平的 vs. 垂直的	
		水平的	垂直的
相互作用の効果	相互補完的	A	D
	相互に矛盾	B	E
	無関係	C ［無関係］	F ［一方的］

出典：山本 2008:144

　べれば、難民レジームの法的基礎は普遍的ではないとはいえるが、難民条約に関する規範や制度の多くは認知されていると考えられる。

▶3　五十嵐誠一は、レジーム間関係を平行、競合、協調、入れ子、統合の五つに整理している。五十嵐誠一（2014）「レジーム・コンプレックスと国際関係理論」『千葉大学法学論集』第37巻第2号, 2022年: 12。

セットのアクターを形成するレジームである（山本 2008: 142-143）。集団安全保障レジームと難民レジームは異なる分野に関するレジームであるので、集団安全保障レジームと難民レジームは相互に垂直的関係になく水平的関係にあるといえよう。

　ここからは、水平的関係に限定して説明を進めていく。水平的関係にあるレジームには、相互に関係がない場合がある（表2-1のCのパターン）。これは規範も問題領域も異なり、相互に独立して作動する（山本 2008: 145）。次に、複数のレジームが相互補完の関係にある場合である（表2-1のAのパターン）。山本によれば、これには四つのパターンがある。第一は、規範も問題領域も異なる場合である。たとえば、ブレトン・ウッズ体制の国際通貨基金、世界銀行、関税と貿易に関する一般協定（GATT）の三つのレジームは、世界全体の経済や発展に寄与するという意味で相互補完的な関係を構築している（山本 2008: 145-146）。第二は、同じ規範であるが問題領域が異なる場合である。たとえば人権や人道主義に基づく兵器禁止レジームには、化学兵器禁止条約、生物兵器禁止条約、対人地雷禁止条約など別のレジームが形成されているが、それらのレジームは相互に補完して兵器禁止レジームを構成している（山本 2008: 146-147）。▶4 第三に、同じ規範であるが、異なる地理的範囲である場合である。たとえば、欧州連合と東南アジア諸国連合は地理的に隔絶されているが、欧州連合のレジームが東南アジア諸国連合のレジームに影響を与えたり、与えられたりすることはあり、その意味において相互のレジームは補完的である（山本 2008: 147-148）。第四は、基本的には同じ問題領域であるが規範やルールが異なる場合である。一つの問題に対して複数のレジームが関わり合って解決を目指す場合がこれにあたる。たとえば、核不拡散の問題に対処するために、核不拡散条約、国際原子力機関、原子力供給グループといった複数のレジームが形成されており、それらが相互補完的に核不拡散を目的とする活動を展開している（山本 2008: 148-149）。しかし、このような同じ問題領域であるが規範やルールが異なる場合、必ずしもそれらのレジームが相互補完的になるわけではない。

▶4　化学兵器禁止条約、生物兵器禁止条約、対人地雷禁止条約などのレジームが兵器禁止レジームのサブ・レジームを構成していると考えられるのであれば、問題領域は共有されているので第二のパターンではなく第四のパターンに該当することになるであろう。

それが、表 2-1 の B のパターンである。たとえば、知的所有権の問題については世界知的所有権機関、世界貿易機関、自由貿易協定など多様なレジームが存在するが、自由貿易協定の中には世界貿易機関よりも厳格な知的所有権に関するルールをもつものもある（山本 2008: 149）。

第6節　集団安全保障レジームと難民レジーム

　集団安全保障レジームと難民レジームとの関係についていえば、このようにいえるであろう。集団安全保障レジームは、紛争地域の難民危機を国際の平和と安全に対する脅威と位置づけ、難民保護を安全保障化してきた。それにより、二つのレジームは難民保護という問題領域を共有するようになった。しかし、二つのレジームは規範やルールは共有していないので、同一のレジームを構成しているわけではない。そこには、二つの側面をもつレジーム複合体が生じている。一つは、レジーム間の補完的関係である（表 2-1 の A の四番目のパターンである）。集団安全保障レジームと難民レジームが、紛争地域の難民の保護にとって相乗効果を生み出す場合である。もう一つは、レジーム間の相克的関係（表 2-1 の B のパターンである）。集団安全保障レジームと難民レジームが、紛争地域の難民の保護をめぐって対立し、難民保護にとって否定的な効果を生み出す場合である。

　なお、安全保障レジームと難民レジームの複合体についての模式図は、難民研究の第一人者であるアレキサンダー・ベッツ（Alexander Betts）が論文において示している。この図はすでに第 1 章の図 1-1 において言及されているが、難民レジームが他のレジームと抵触し、レジーム複合体を形成していることを表している。本稿では、集団安全保障レジームの膨張という観点から論じているが、ベッツが述べるように難民レジームの膨張という視点も十分に考えられる。ただ、この場合であっても、双方のレジームが複合体を構成することには変わりない。

第1項　補完的な関係

　ここからは、集団安全保障レジームと難民レジームが補完関係にあることに

ついて論じていく。集団安全保障レジームは、紛争の予防や解決に努めることで、難民の発生源を減らすことができる一方、難民レジームは、難民の人権や尊厳を守ることで、彼らを社会的・経済的な資源として活用することができる。両者を調和させることで、平和と安定を促進することができる。以下、本稿では、少なくとも四つの補完関係があると考える。

　第一は、信頼性と正当性の向上である。集団安全保障レジームと難民レジームの補完を通じて、両者の信頼性や正当性を高める。集団安全保障レジームは、難民レジームを補完することで、みずからの行動が人権や人道主義に基づいていることを示すことができる一方、難民レジームは、集団安全保障レジームを補完することで、みずからの行動が平和や安定に貢献していることを示すことができる。これによって、両者は国際社会や紛争当事者からの支持や協力を得やすくなる。たとえば、1991年のイラク北部への多国籍軍の介入は、イラク北部のクルド難民の救助を目的として正当化され、難民の保護を通じてイラクの平和を達成しようとした。多国籍軍の任務を引き継いだ国連難民高等弁務官事務所は、クルド難民支援を通じて安全保障にも貢献するアクターとして注目され、それ以後、国連平和維持活動や多国籍軍との協働が進められた。

　第二は、効率性と実効性の向上である。集団安全保障レジームと難民レジームの補完は、両者の効率性や実効性を高める。集団安全保障レジームは、難民レジームの目的を補完することで、みずからの目的を達成するために必要な資源や情報を共有したり、みずからの活動を調整したりすることができる。難民レジームは、集団安全保障レジームの目的を補完することで、みずからの目的を達成するために必要な権限や支援を得たり、みずからの活動を強化したりすることができる。これによって、両者はコストや時間を節約し、成果や影響を拡大できる。民軍協力や統合アプローチはここに位置づけられるであろう。たとえば、1999年のコソボ和平後に、国連安全保障理事会の決定に基づいて難民の帰還や人道支援を担当する国連コソボ暫定行政ミッションが設置された。国連難民高等弁務官事務所は、これに参加して難民支援を主導した。一方、コソボの秩序と安定のために北大西洋条約機構軍は、コソボ平和維持部隊を派遣した。双方が役割を分担し、相互に連携することで戦後復興における効率性や実効性を高めようとした。

第三は、難民の生活状況の改善である。集団安全保障レジームは、難民レジームの活動を支援することで、難民の生活状況や将来性を改善することができる。たとえば、集団安全保障レジームは、難民キャンプや都市部での難民の安全や秩序を確保するために平和維持部隊や警察部隊を派遣したり、難民に教育や就労の機会を提供するために開発援助や技術協力を行ったりすることができる。これによって、難民は自立や社会参加を促され、過激派や犯罪組織による勧誘や暴力から遠ざけられる。たとえば、2002年、国連安全保障理事会は、国連アフガニスタン支援ミッションを設立し、アフガニスタン戦争後の和平を達成するプロセスを促進するほか、国連難民高等弁務官事務所などの国連機関と協力して、人道支援、復旧復興、開発支援を担当し、難民の状況改善のために活動を展開した。これは、難民の状況を改善することによりテロ活動に従事する人々を減らす効果をもつ。

　第四は、紛争状況の安定である。難民レジームは、集団安全保障レジームの活動を支援することで、紛争地域の安定化や復興に寄与することができる。たとえば、難民レジームは、難民に平和構築や開発援助の役割を担わせることで、彼らの出身地域の和解や発展に貢献したり、難民の帰還や再定住を促進することで、彼らの人的資本や社会的ネットワークを活用したりすることができる。これによって、紛争地域は再発防止や持続可能性を確保する。たとえば、1991年のカンボジア・パリ和平協定ののち、対人地雷の撤去が進められる中、難民が自発的にカンボジアへの帰還を果たし、1993年の総選挙の成功へと導いた。なお、この点に関しては、難民の当事者性に関するセクションで再度検討する。

第2項　相克的な関係

　集団安全保障レジームと難民レジームは、国際社会における平和と安定を目指すという共通の目的を持ちながらも、その方法や優先順位において異なる。以下、三つの点を指摘したい。

　第一は、価値観と利益の相違である。集団安全保障レジームは、国家間の関係を重視し、国益を優先する。これは、国家の安全と領土保全が最優先事項であることを意味する。一方、難民レジームは、個人や集団の関係を重視し、人権や人道主義などの普遍的な価値を優先する。これは、個々の人々が直面する

危機や苦難に対処することが最優先事項であることを意味する。これら二つのレジームは、しばしば相反する選択を迫られることがある。たとえば、1999年の北大西洋条約機構軍によるユーゴスラビア連邦に対する空爆は、ユーゴスラビア連邦によるコソボ自治区に対する暴力を阻止するために実施されたが、ユーゴスラビア連邦からの暴力を回避するため多数のアルバニア系住民が隣国に逃れる事態に発展した。国連難民高等弁務官事務所などは、これらの住民の援助と保護のために活動を余儀なくされた。ただし、北大西洋条約機構は国連安全保障理事会決議なしに空爆を実施したので厳密にいえば集団安全保障レジームに基づいた行動とはいえないが、参考にはなるであろう。

　第二は、手段の相違である。集団安全保障レジームは国連安全保障理事会によって主導され、武力行使や制裁などの強力な手段を用いる。これは、紛争解決や平和維持に対する強力な介入が必要であることを示している。一方、難民レジームは国連難民高等弁務官事務所や NGO などによって主導され、保護や援助などの柔軟な手段を用いる。これは、個々の難民に対する援助や保護が必要であることを示している。そのために、これら二つのレジームは、しばしば協力や調整することが困難になる。たとえば、1991 年のソマリアでの内戦と難民危機に対して、1992 年、国連安全保障理事会はアメリカ軍主導の多国籍軍に武力の行使を授権し、ソマリアでの人道支援の任務を遂行した。1993 年には、アメリカ軍部隊がソマリア人民兵と戦闘状態になり、双方が多数の死傷者を出した。このモガディシュの戦闘を受けて、アメリカ軍は部隊の撤退を決定し、それを実行した。治安の維持と安全の確保だけでは、難民に対する援助や保護の代替とはなりえないことを示した事件であった。

　第三は、環境や状況の相違である。集団安全保障レジームは、武力紛争や侵略などの危機的な事態に対応することが多く、緊急性や効率性を求められる。これは、迅速かつ効果的な対応が必要であることを示している。一方、難民レジームは、迫害や暴力などの長期的な事態に対応することが多く、持続性や包括性を求められる。これは、長期的かつ総合的な援助と保護が必要であることを示している。たとえば、1994 年のルワンダ・ジェノサイドののち、多くの難民がザイールに逃れたが、その中には武装した難民も多数おり、難民キャンプの安全性が問題となった。欧州諸国や日本はザイールに軍隊を派遣して地

域の安定を図ろうとしたが、難民の安全が十分に確保されない状況下で撤退した。その後、国連難民高等弁務官事務所やNGOは、不安定な状況で難民に対する中長期的な支援を目指して行動したが、武装集団が援助物資を収奪し、難民キャンプの軍事化が進んだと批判された。

第3項　誰が脅威なのか

　このような集団安全保障レジームと難民レジームにおいては、補完的な関係と相克的な関係の二つの側面があることがわかる。ただし、どのような場合に補完的になるのか、相克的になるのかはさらに検討を深めていく必要があるだろう。しかし、より深刻な問題がある。それは、脅威の問題である。集団安全保障レジームにとっての脅威とは何か。一般的には、集団安全保障レジームは安全保障レジームの一つであることから、何かを脅威から守ることを目標としている。集団安全保障レジームは、国家に対する武力攻撃を回避するために強制措置を発動する制度を構築しており、ここでいう脅威とは他国からの武力攻撃であると考えられてきた。しかし、昨今、集団安全保障レジームは難民危機を安全保障化し、難民の人道的状況の改善を目的として強制措置の発動を実施している。その場合の脅威とは、国家や武装集団による難民への攻撃である。

　これには、二つの見方がある。一つは、国家や国連安全保障理事会が人権や人道主義に基づいて難民に対する暴力を排除し、難民を保護しているという見方である。もう一つは、国家や国連安全保障理事会が国益に基づいて難民自身を脅威として認識し、難民の流入を阻止するために難民を紛争地域で保護するという見方である。つまり、難民の存在は欧米諸国にとって脅威であり、その脅威が国内に持ち込まれないように、紛争地域で保護するということである。この両者は、難民を紛争地域で支援するという意味においては見分けがつかない。このように集団安全保障レジームは難民を脅威であると認識する一方、難民レジームは難民の権利と利益を追求するのであるから、両者の相克は深刻になる。

　さらに重要なことは、集団安全保障レジームと難民レジームとのあいだでフォーラム・ショッピングが起きることである。フォーラム・ショッピングとは、国家がみずからの国益を追求する上で望ましいレジームを複数のレジーム

の中から選択することである（五十嵐 2014: 13; Alter 2009: 16）。欧米諸国が難民を脅威であると認識し、その脅威を排除するためにノン・ルフールマン原則を犯して難民を退去させたり、法律や制度を整備して難民の受け入れを拒否したりしようとする。さらに、欧米諸国が大規模な難民の流入を危機であると認識した場合には、国連安全保障理事会に対応を求める。たとえば、クルド難民危機に際しても、イラクの隣国トルコとイランが国連安全保障理事会に対処するように要請している。このように難民の保護は、難民レジームが対応するべき問題であるが、国家がそれを集団安全保障レジームに持ち込んで安全保障化し、強制措置の発動を要求することもある。

第7節　集団安全保障レジームにおける難民の当事者性

第1項　難民の当事者性

これまで集団安全保障レジームと難民レジームの関係について論じてきたが、レジーム複合体から抜け落ちた問題がある。それは、集団安全保障レジームのアクターは国家や国連安全保障理事会であり、難民レジームのアクターは国家や国連難民高等弁務官事務所であることから、レジームの客体である難民の存在が考慮に入れられていないことにある。ここでは、そのような難民の当事者性について最後に論じたい。

本稿における当事者性とは、自分の人生や社会に関する問題に対して、自分の意思をもって関わることを意味する。当事者性があるということは、自分の置かれた状況を分析し、自分の権利や利益を主張し、自分の選択や行動の結果を受け入れることになる。当事者性がないということは、自分の人生や社会に対して無関心であったり、他者や環境に依存したり、自分の選択や行動の結果を受け入れなかったりすることである。

第2項　集団安全保障レジームにおける難民の当事者性の剥奪

国連安全保障理事会が決議に基づいて国連平和維持活動や多国籍軍を紛争地域に派遣する場合に、その地域の難民の当事者性を奪うことがある。国連平和

維持活動や多国籍軍が難民のニーズや意見を十分に聞き入れず、一方的に介入や支援を行うことで、難民の自立や参加を阻害する。本稿では、これには少なくとも三つの側面があると考える。

　第一は、武力の行使である。国連平和維持活動や多国籍軍が難民の安全や人権を保護するために武力行使を行う場合、難民は自分たちの発言や意思が無視され、自分たちの命運は介入軍に委ねられる。また、武力行使は紛争当事者との対立を激化させ、難民が暴力に晒されるリスクを高めるおそれもある。

　第二は、物資やサービスの提供である。国連平和維持活動や多国籍軍が難民に対して物資やサービスを提供する場合、それらの物資やサービスが難民のニーズや要求に適合しているのかが問題となる。難民の意見が反映されない援助や保護は、難民の自律性を著しく阻害する。また、物資やサービスの提供は、難民の依存心を強め、自分たちの能力や資源を活用する機会を奪うおそれもある。

　第三は、和平達成と平和構築である。国連平和維持活動や多国籍軍が紛争解決や平和構築のプロセスに関与する場合である。これらのプロセスに難民の利益や立場が考慮されない場合には、難民は復興プロセスから疎外される。また、紛争解決や平和構築のプロセスは難民の参加や貢献なしに進められ、自分たちの将来に対する所有感や責任感を失う可能性もある。

第3項　集団安全保障レジームにおける難民の当事者性の推進

　集団安全保障レジームにおいて難民の当事者性を推進するためには、本稿が重視する難民の意思決定という観点から考えると、少なくとも以下の三つの点について考慮する必要がある。

　第一は、意思決定プロセスの確立である。国連平和維持活動は、難民が意思決定プロセスに積極的に参加できる具体的なメカニズムを導入する必要がある。たとえば、難民キャンプや避難所内で定期的にコミュニティ会議を開催する。これらの会議では、難民が直接意見を述べ、平和維持活動の計画や実施に関する提案やフィードバックを提供する機会が設けられる。それにより、難民はみずからの経験や知識をもとに建設的な提案を行い、意思決定に寄与することができる。たとえば、南スーダンのバンガスでのワークショップでは、難民の

代表も出席し、彼らが国連南スーダン共和国ミッションの職員などと対話を行うことで、難民の意見や要望を政策に反映させる仕組みが設けられた（Mbugo 2024; UN Peacekeeping 2023）。これにより、難民は単に支援を受ける受動的な存在ではなく、積極的にみずからの生活を改善し、地域社会の平和構築に貢献する主体として認識されている。

　第二は、包摂性の確保である。すべての難民が公平に意思決定プロセスに参加できるようにするための取り組みも重要である。たとえば、性別、年齢、民族、宗教などの多様性を尊重し、すべてのグループが代表されるようにする。とくに、女性、障がい者、マイノリティグループが排除されないように配慮する。さらに、言語の違いが障害とならないように、多言語での情報提供や通訳サービスを提供する。これにより、すべての難民が理解し、参加できる環境を整えられる。たとえば、2019年に国連南スーダン共和国ミッションは、首都ジュバにおいて女性、平和、安全保障に関するフォーラムを開催し、女性の政治参加と和平プロセスへの包摂について議論する場を提供した。2018年のアディスアベバ合意は、女性がアファーマティブ・アクションによりあらゆるレベルの統治機関のポストのうち35％を占めることを決定した。フォーラムの参加者の中には、この前進を和平プロセスへの効果的な参加につなげる戦略について発言した女性もいた（Mmali 2019）。

　第三は、難民に対する教育や啓発活動である。難民が意思決定プロセスに効果的に参加するためには、必要な知識とスキルをもつことが重要である。難民全体を対象に、市民としての権利や責任について教育し、意思決定プロセスの重要性を理解させる。これには、民主主義の原則や参加型ガバナンスの基本的な概念を教えることが含まれる。たとえば、南スーダンのマラカルにおいて、国連南スーダン共和国ミッションは国内避難民に対して憲法と選挙に関する意思向上のためのワークショップを開催した。参加者の中には投票に参加することの意義を自覚し、国内避難民と難民も他の人々と同じ権利を保持していることに気づいた者もいた（Touch 2023）。

　国連平和維持活動は紛争の解決を目的として派遣されるが、実際には治安の悪化に対して効果的に対処できず、予算や人員も逼迫して、任務を効果的に遂行することも困難である。しかし、このような制約の中においても、難民の当

事者性を強化し、彼らが積極的に平和構築に貢献するための環境を整えることが求められる。

第8節　集団安全保障レジームの衰退と難民レジーム

ところで、現在、国連安全保障理事会における主要国、とくにアメリカとロシアの対立が集団安全保障レジームの機能を低下させている。これにより、国連安全保障理事会は武力紛争に対して具体的な行動がとれず、紛争地域での人道支援や平和維持活動が滞ることが増えている。シリア内戦やガザでの紛争の例からも明らかなように、国連安全保障理事会は一貫性のある効果的な対応が困難になっており、この状況が今後も続く可能性が高い。このような集団安全保障レジームの衰退により、国際社会の信頼が低下し、紛争解決や難民支援における国連安全保障理事会の役割が弱まってきた。この結果、集団安全保障レジームと難民レジームの複合体が解消し、難民に対する支援は国連難民高等弁務官事務所などのアクターがおもに担うことになってきた。

たとえば、シリア内戦において、ロシアはシリア政府を支持しているため、アメリカや他の西側諸国が提案するシリアに対する制裁や介入措置に対して拒否権を行使している。この結果、国連平和維持活動はシリアにおいて積極的に展開されていない状況が続いている。その代わりに、国連難民高等弁務官事務所やその他の人道支援機関が難民支援を実施している。国連難民高等弁務官事務所は、シリア国内および周辺国（とくにトルコ、レバノン、ヨルダン、イラク）において難民支援活動を展開している。たとえば、シリア国内外の難民キャンプで食料、水、医療、住居などの基本的な生活支援を提供している。また、難民キャンプ外でも、避難先の都市や地域に住む難民に対して生活支援物資を配布している。さらに、難民の安全を確保し、人権を尊重するための保護活動を実施している。これには、難民の法的地位の確立や、暴力や搾取からの保護が含まれる。

イスラエルのガザ侵攻についても、国連安全保障理事会は積極的な役割を果たしていない。そのおもな理由は、アメリカが国連安全保障理事会で拒否権を行使していることにある。アメリカは歴史的にイスラエルを支持しており、イ

スラエルに対する非難決議や制裁決議を阻止するために数多くの決議案に対して拒否権を行使している。このため、国連安全保障理事会は効果的な行動を取れず、紛争の解決や難民支援の促進において限界がある。一方、国連パレスティナ難民救済事業機関は、ガザ地区を含むパレスティナ難民キャンプで教育サービスを提供している。これには、小中高等教育の提供や職業訓練プログラムが含まれる。教育を受ける機会を提供することで、難民の子供たちの将来を支える基盤を築いている。しかし、国連パレスティナ難民救済事業機関や他の難民支援機関は、資金不足に直面している。とくにアメリカが一時的に国連パレスティナ難民救済事業機関への資金援助を停止した影響で、活動資金が不足し、サービスの提供が困難になる場面もある。ガザ地区は度重なる紛争や軍事衝突により不安定な状態が続いている。このため、人道支援活動が妨げられ、支援物資の配布や医療サービスの提供が困難になることがある。ガザ地区への支援活動は、政治的な圧力や制約の影響を受けやすく、国際社会の支援が十分に行き渡らないことが多い。

おわりに

1990年代の人道的介入の時代には、国連安全保障理事会は難民に対する暴力や強制移動を含めた人道危機を国際の平和と安全に対する脅威とみなし、集団安全保障制度に基づいて強制措置を発動し、国連平和維持活動や多国籍軍を紛争地域に派遣してきた。その結果、集団安全保障レジームが難民レジームに向けて膨張した。両者のレジームには、補完的な側面がある。国連難民高等弁務官事務所の活動が、紛争地域における人道支援の提供に力点が移行し、国連平和維持活動と多国籍軍との協働が進められることで、紛争の早期解決と帰還を促進する傾向が強まっている。国連平和維持活動や多国籍軍が国連難民高等弁務官事務所の活動を保護することで補完関係が生まれている。一方、両者のレジームには、相克的な側面もある。集団安全保障レジームは国家の安全と領土保全を最優先課題にしており、迅速かつ効果的な対応を目標とする。一方、難民レジームのように人権や人道主義を最優先事項とする立場では、難民の人権保障には中長期的な対応が必要になる。集団安全保障レジームが難民の保護

をアジェンダの一つに加えたとしても、最優先の課題は、難民の安定的な地位の確保というよりは、紛争の迅速な政治的・軍事的解決にある。このような集団安全保障レジームにおいては、難民を客体として処遇し、その主体性には十分に着目してこなかった。難民の当事者性を回復するために紛争地域における難民の政治的意見を尊重し、政治参加を進める一方、難民が自立的に生活できるように、その能力と資源を有効に活用できる環境の整備が必要である。

❖ 参考文献 ❖

赤星聖（2020）『国内避難民問題のグローバル・ガバナンス——アクターの多様化とガバナンスの変化』東信堂．

足立研幾（2009）『レジーム間相互作用とグローバル・ガヴァナンス——通常兵器ガヴァナンスの発展と変容』有信堂高文社．

足立研幾（2011）「重複レジーム間の調整に関する一考察」『立命館国際研究』第23巻第3号：423-438．

五十嵐誠一（2014）「レジーム・コンプレックスと国際関係理論」『千葉大学法学論集』第37巻第2号，2022年：1-59．

国連難民高等弁務官事務所（2024）「1951年の条約及び1967年の議定書の当事国一覧表 難民の地位に関する条約（効力発生日1954年4月22日）難民の地位に関する議定書（効力発生日1967年10月4日）」https://www.unhcr.org/jp/treaty_1951_1967_participant（最終閲覧日：2024年7月1日）．

中山裕美（2014）『難民問題のグローバル・ガバナンス』東信堂．

山本吉宣（2008）『国際レジームとガバナンス』有斐閣．

Alter, K. J. and S. Menuier (2009), "The Politics of International Regime Complexity," *Perspectives on Politics*, 7(1): 13-24.

Betts, A. (2013) "Regime Complexity and International Organizations: UNHCR as a Challenged Institution," *Global Governance*, 19: 69-81.

Krasner, S. D. ed. (1983) *International Regime*, Cornell University Press.

Mbugo, P., United Nations Mission on South Sudan (2024) "Civilians and Organized Forces Form Joint Working Group to Protect Civilians in Bangasu," 25 March 2024, https://unmiss.unmissions.org/civilians-and-organized-forc-

es-form-joint-working-group-protect-civilians-bangasu（最終閲覧日：2024 年 7 月 1 日）.
Mmali, J., United Nations Mission on South Sudan (2019) "Juba Forum Explores Ways to Advance the Status of Women in South Sudan," 24 May 2019, https: //unmiss.unmissions.org/juba-forum-explores-ways-advance-status-women-south-sudan（最終閲覧日：2024 年 7 月 1 日）.
Raustiala, K. and D. G. Victor (2004) "The Regime Complex for Plant Genetic Resources," University of California, Los Angeles, *School of Law Research Paper Series*, 1-52.
Touch, N., United Nations Mission on South Sudan (2023) "UNMISS and Partners Raise Awareness on Constitution and Elections among Internally Displace in Malakal," 31 March 2023, https: //unmiss.unmissions.org/unmiss-and-partners-raise-awareness-constitution-and-elections-among-internally-displaced-malakal（最終閲覧日：2024 年 7 月 1 日）.
United Nations Peacekeeping (2023) "Displaced people in Yambio interact with UNMISS, partners on constitution-making and upcoming elections," 8 May 2023, https: //peacekeeping.un.org/en/displaced-people-yambio-interact-with-unmiss-partners-constitution-making-and-upcoming-elections（最終閲覧日：2024 年 7 月 1 日）.

第3章
難民レジームにおける《人道主義的支配》とその超克
―― 当事者性回復のための《グローバル異議申立デモクラシー》

大道寺 隆也（青山学院大学）

はじめに ―― 難民レジームにおける「デモクラシーの赤字」

　本章は、難民レジームにおける「デモクラシーの赤字（democratic deficit）」を問題化する。難民レジームは難民の生に重大な影響を与える[1]。したがって、難民は、難民レジームの第一義的な当事者であるはずである。ところが、現在の難民レジームにおいて、難民は受動的な保護対象として観念されており、みずからの生についてみずから決定を下し、政策に関与する当事者としては捉えられていない。したがって、現在の難民レジームからは、デモクラシーの根本原理である被治者の自己統治（self-rule）が欠落しているのである。それでは、難民の当事者性はいかに回復されうるのだろうか。また、その当事者性は、難民の受け入れ／排除の制度や実践にいかなる影響を与えるのだろうか。

　これらの問いを検討するため、本章は、難民レジームに底流する人道主義（humanitarianism）と、それによる当事者性剝奪に着目する。人道主義とは、端的には、「遠く離れた他者の苦しみを軽減する試み」（Barnett 2014: 243）であり、「清冽な正義感」（五十嵐 2016: 3）として理解されてきた。人道主義は、いかなる意味でも法的義務ではないから、特定の難民を「施し」として受け入れつつ、他の難民を排除することを可能にする。たとえば、EUは、ロシア・

▶1　本章は、「難民」という語を、「条約難民」に限局せず、非自発的移動者を広く含む形で用いる。その理由については、序章ならびに本章第1節を参照のこと。

ウクライナ戦争から生じた避難民を「歓迎」する一方で、その他の地域からの庇護希望者は排除してきた（大道寺 2023a）。こうした恣意性につき、阿部浩己は次のように述べる。

> 人道主義は正義のように義務の基準ではなく慈善（charity）の基準であり、その基準が充足されれば善として称揚される一方で、基準を充足できずともなお正当との評価が留保される融通無碍なものである（阿部 2017: 55-56）。

すなわち、人道主義は、被援助者を恣意的決定に服さしめるという権力性を胚胎しており、そこで脆弱な存在として扱われる難民の当事者性は剥奪されうる。既存の人道主義論は、この問題自体は認識しているものの、剥奪された当事者性の回復に関する理論的・実証的検討は不足している。本章の目的は、この欠缺を埋めることにある。

そのために本章は、難民レジームの発展を人道主義の観点から概観した上で、それが生み出す非対称的関係性に基づいて援助者が被援助者を恣意的決定に服さしめること——《人道主義的支配》——の問題を剔出する（第1節）。次いで、剥奪された当事者性の回復のための認識枠組として、《グローバル異議申立デモクラシー（global contestatory democracy）》を提唱する。これは、被影響者原理（all-affected principle）に基づき、政策の影響を被った／被りうる者の見解こそが決定に反映されるべきだとする認識枠組であり、この枠組からすれば、難民の選好が法や政策にいかに影響を与えているかこそが論点となる（第2節）。そこで、①難民の「じりつ（自立／自律）」をめぐる言説と実践、および②EUの出入国管理政策に対する異議申立の事例を通じて《グローバル異議申立デモクラシー》の経験的妥当性を検討し（第3節）、最後に議論の要約と限界を示す（おわりに）。

第1節　難民レジームにおける《人道主義的支配》

第1項　難民レジームの発展と人道主義

諸国は難民レジームの脱政治化を図ってきた。UNHCR は「非政治的」人道機関と定められ、「国家の敏感さと国家主権のために、UNHCR は国境の向こう側で難民がやってくるのを待つ——そして各国国内事情にはかかわらずにいる——ものとされた」(Barnett 2013: 248)。しかし実際には、難民レジームは東西冷戦の中で政治性を帯びた。そのことは、1951 年の難民の地位に関する条約（難民条約）第 1 条 A における「難民」の定義に表れている。

> 人種、宗教、国籍もしくは特定の社会的集団の構成員であることまたは政治的意見を理由に迫害を受けるおそれがあるという十分に理由のある恐怖を有するために、国籍国の外にいる者であって、その国籍国の保護を受けることができない者またはそのような恐怖を有するためにその国籍国の保護を受けることを望まない者〔……〕。

政治的迫害を中核としたこの定義は、冷戦下のイデオロギー対立の中で、「西側」が「東側」を非難するための装置として機能した。「西側」は、「東側」からの亡命者を積極的に難民認定することで、「東側」の政治的迫害を非難しようとしたのである（阿部 1998）。

それゆえ、冷戦終結に伴って、難民レジームも三つの変容を迫られた。第一に、政治的迫害に焦点を当てた従来の「難民」定義では掬いきれない非自発的移動者（たとえば気候変動を理由に移動する人々）をいかに扱うかが問題化した。第二に、旧「西側」諸国の政治姿勢が変化した。難民を積極的に受け入れる政治的必要がなくなり、欧州諸国はむしろ、難民を「負担」や「安全保障上の脅威」と観念して、いわゆる入国阻止政策（non-entrée policy）を採るようになった（Gammeltoft-Hansen and Hathaway 2015）。第三に、UNHCR の権限が拡大し、人道支援や国内避難民保護にも関わるようになった。バーネットによれ

ば、「諸国が UNHCR と人道的マンデートを結びつけたのはその活動を制約するためだったかもしれないが、UNHCR は、そのラベルを新たな領域に入っていくために用いた」（Barnett 2014: 248）。こうして UNHCR の活動は、人道主義を掲げながら人々の生に干渉する「人道的統治」（Agier 2011）としての性格を強め、難民レジームは、いわゆる「条約難民」（難民条約第 1 条 A の定義に基づき諸国が難民であると『認定』する人々）以外の人々の保護も射程に入れるようになった。

したがって、議論を「条約難民」に限局することは、出入国管理を成功裡に通過し、難民として認定されることができた一部の人々にのみ焦点を当てることになる。そうした限局は、現在の難民レジームにおける排除や支配の問題の後景化につながる。だからこそ本章は、「難民」という語を、「条約難民」以外の非自発的移動者を広く含む形で用いている。

第 2 項　難民に対する《人道主義的支配》

難民レジームにおける難民の当事者性剥奪は、人道主義によって正当化されてきた。主権国家は、「人道的」配慮に基づいて条約難民（ないしそれに準ずる地位）を難民に与えることができるが、ここにおいて人道主義は、難民の当事者性を奪ってしまう。なぜなら、①人道主義は、「助ける」側と「助けられる」側とのあいだの非対称的関係性を構築・強化し、②「助ける」側は、誰をいかに「助ける」かを一方的かつ恣意的に決定できるため、③「助けられる」側の自己決定能力——すなわち当事者性——は損なわれるからである。本章はこの構造を《人道主義的支配》として概念化する。《人道主義的支配》は、難民レジームの基底を成してきた。難民は、（受け入れ国を含む）援助者との非対称的関係性の中で恣意的決定に服しており、その支配は人道主義により正当化されてきたのである。

先行研究は、《人道主義的支配》の問題を必ずしも閑却してきたわけではない。たとえば、人道主義概念を、その淵源や発展の追跡によって再構築してきた議論がある（Barnett 2013; Barnett 2014; 五十嵐 2016）。こうした研究は、人道主義思想の淵源やその発展を明らかにしつつ、それが胚胎する権力性の問題を照射している点で、一般的な、善行としての人道主義理解を相対化している。

本章は、人道主義の権力性に着目するという意味で、こうした研究の延長線上にある。ところが、先行研究は、被援助者の当事者性とその回復の問題は必ずしも論じていない。

難民研究の文脈では、本章は二つの研究と問題意識を共有している。第一に、山岡（2019）がある。彼は、難民保護規範が生み出す人間間の非対称的関係性を問題化し、より対等な関係性（『友情』）を構築する必要性を説く。

> 難民は、助けを必要とするだけの弱く可哀相な人たちではない。また、その裏返しとしての、受け入れ社会に負担をもたらすだけの厄介なお荷物でもない。〔……〕受け入れ社会の「国民」と対等以上の関係で付き合うことができるはず、という強い自負が難民にはある（山岡 2019: 9）。

上記のような問題意識は本章も共有している。しかし、山岡は、難民を「弱く可哀相な」保護対象として表象する人道主義自体の問題性には必ずしも踏み込んでいない。それゆえ、「友情」への転換がいかに実現されうるのかが不明瞭なままになっている。第二に、米川（2017）は、難民が、政府や国際機構、NGOsに「あやつられ」、翻弄されていると指摘し、それによって人道主義を掲げる種々のアクターの欺瞞性を剔出する。その意味で、米川の議論は《人道主義的支配》を問題視するものだが、「あやつられる」難民がいかにその支配状況から脱しうるかは必ずしも明らかにされていない。

要約すると、人道主義の批判的検討は存在するものの、とくに難民レジームの文脈で、難民が当事者性をいかに剝奪され、それがいかに回復されうるかに関する理論的・実証的な検討が不足している。それゆえ、人道主義批判の「先」を構想することが要請されているのである。したがって、本章は、《人道主義的支配》に置かれる難民の視点を入れて難民レジームを捉え直し、当事者性の回復の方途を探ることを図る。

第2節　当事者性回復に向けた理論
　　──《グローバル異議申立デモクラシー》

　難民の当事者性が回復される過程を説明し基礎づけるための理論を構築するため、本章は、ペティット（Philip Pettit）の異議申立デモクラシー論を援用して、《グローバル異議申立デモクラシー》を構想する[▶2]。
　ペティットの議論の要諦は、「不干渉としての自由（freedom as non-intervention）」と「不支配としての自由（freedom as non-domination）」を峻別する点にある。すなわち、権力を有する側から「干渉」されないだけでは、人は自由だとは言えないというのである。このことを彼は、以下の有名な比喩を用いて説明している。

> 私は、私のいかなる選択にも実際には介入されなかったとしても、支配されていることになりうる──極端な例を挙げれば、私は他者の奴隷たりうる。それは単に、私の主人が優しく、介入しない傾向を持っているに過ぎないのかもしれない。あるいは、私が好きなことをやれるくらい狡猾であるか、媚びているに過ぎないかもしれない。〔しかし〕私は主人がいるというだけで支配に服している（Pettit 1997: 22-3）。

　すなわち、権力を有する側が干渉するか否かを恣意的に決定できる状態を、ペティットは「支配（domination）」と呼んだのである。ペティットは、この「支配」に対して、「編集者デモクラシー」による「著者デモクラシー」の補完というアイディアを以て対抗しようとする。

　諸問題が、国民投票で決定されるか、それらを決定する代表が選出されるなどの選挙を伴う状況の下では、政府は、集合的な人々によって著

▶2　以下で取り上げるペティットの政治理論については、中村（2011）を参考にした。また、《グローバル異議申立デモクラシー》の詳細な説明としては、Daidouji（2023）を参照。

者的に（authorially）統制されうる。そして、より広い、異議申立を伴う状況において、政府は編集者的に（editorially）統制されうる（Pettit 2004: 303–304）。

　形成された制度に対し、「より広い」、非公式の働きかけや裁判なども含む異議申立（contestation）を行える可能性が重要であるとペティットは主張しているのである。
　この議論は国際レジームにも応用しうる。すなわち、国際レジームは主に国家間の交渉を通じて形成されるが、それは、当事国以外の多様なステークホルダーの異議申立――ある政策や法を、とくにその否定的影響について問題化し、その修正を要求すること――を受けて修正される可能性があるし、そうあるべきである。こうした認識枠組を、本章は《グローバル異議申立デモクラシー》と呼ぶ。難民レジームにおけるそれは、個々の難民が、みずからに影響をおよぼす政策や法に対して異議申立を行い、その修正、とりわけ人権状況の改善を要求する過程に着目する認識枠組である。そのメカニズムとしては、個々の難民の選好を代表する第三者の役割が指摘できる。個々の難民が国際レジームに直接に影響をおよぼすことは困難だが、かれらの「声」を、市民社会組織（CSOs）や国際機構が聞き入れて、本人に成り代わって異議申立を行う、いわば「代弁する」というメカニズムを想定することは可能である。▶3
　《グローバル異議申立デモクラシー》の構想には二つの利点がある。第一に、それは、出身国との政治的紐帯を失った難民の包摂や保護を基礎づける。▶4難民は、しばしば、出身国との政治的紐帯（たとえば国籍の保持）に基づく包摂や保護には期待できない。そこにおいて、被影響者原理――影響を受ける者が決定せよという原理（松尾 2016）――は、出身国との紐帯ではなく、影響を被っているという事実に基づいて、難民の異議申立を正当化しうる。第二に、《グローバル異議申立デモクラシー》は、難民が、主体的かつ戦略的に選

▶3　ある国際機構が他の機構に対して規範的動機に基づく異議申立を行う可能性については別稿ですでに論じた（Daidouji 2019）。
▶4　ただしペティット自身は、異議申立の単位として国家を最重要視している（Pettit 2016）。《グローバル異議申立デモクラシー》を考える際の国家中心主義をめぐる議論については、Daidouji（2023: 209–212）を参照のこと。

択を行うという意味での当事者性を織り込むことができる。難民は、誰に、何を、いかに「代弁」させるかを主体的かつ戦略的に選択できる。それゆえ、人道主義が胚胎するパターナリズムの問題、すなわち、支援者が難民の生に不必要に干渉してしまいうるという問題は、少なくとも理論的には回避できる。

　《グローバル異議申立デモクラシー》が依拠している被影響者原理には、「被影響者」の正確な決定が原理的に不可能だという批判もある。たとえばシュマルツ（Dana Schmalz）は、「因果の結びつきがどれだけ近いかの線引きが難しく、誰しもがほぼあらゆる事柄に影響されており、同基準はいかなる有用な区分にも適さない」とする（Schmalz 2020: 70）。被影響者原理による包摂が、原理的には過大または過少とならざるをえないという批判は正しい。しかしその批判の実践的重要性には疑問も残る。なぜなら、影響を被っていない者や、すでに「難民性」を失ったとされる者が、あたかも影響を被っているかのように主張して包摂を要求しても（過大包摂）、その要求の妥当性が政治実践の中で否定されることが十分予見されるからである（Daidouji 2023: 208-209）。むしろ、過少包摂、つまり、明らかに影響を被っているにもかかわらず異議申立を行いえない人々が存在する事実の方が問題である。ただし、この問題は、影響範囲の原理的な確定不可能性の問題としてではなく、包摂の手段の問題として捉えるべきであろう。すなわち、誰が影響を被っているかが客観的に確定できないために声が聞き入れられない状況が問題なのではなく、明らかに影響を被っているにもかかわらず声を聞く手立てが存在しない状況が問題なのである。

　以上の理論的検討を踏まえ、以下では、①難民の「じりつ（自立/自律）」をめぐる言説と実践、および、②EU域外出入国管理政策への異議申立を題材として、《グローバル異議申立デモクラシー》の経験的妥当性を検討する。

第3節　難民の当事者性剥奪とその回復の実践

　従来、国家は、難民を「負担」だと見なしてきたし、それゆえに、かれらを「自立」させて「負担」でなくすることや、かれらを排除することを試みてき

▶5　「難民性」の終了に関する議論については、本書第7章も参照のこと。

た。いずれにせよ、そうした試みの影響を被る難民の当事者性は鑑みられずにきたが、その構図への異議申立も見られる。

第1項　難民の「じりつ（自立／自律）」をめぐる言説と実践
――難民主導組織の役割

　とりわけ2000年代以降、難民の「自立（self-reliance）」指向が高まりを見せている。UNHCRによれば、「自立」とは、「（保護、食糧、水、シェルター、個人的安全、健康および教育を含む）基本的ニーズを、持続可能な形で、かつ尊厳を伴って満たすことのできる、個人、家計、ないし共同体の社会・経済的能力」である（UNHCR 2005; UNHCR 2011）。伝統的にUNHCRが唱えてきた「恒久的解決」（庇護国定住、第三国定住、帰還）の実現が捗々（はかばか）しくない中、難民を、「負担」から「基本的ニーズ」を満たせる個人へと変えることが「自立」推進の目的である。とくに重要な背景は、いわゆる「長期化する難民状況」、すなわち、本来は一時的な保護手段であるはずの難民キャンプでの生活が長期化している状況である。かかる状況では難民の当事者性は望むべくもない。そこで、難民を経済的に「自立」させて生活の行き詰まりを解消するとともに、かれらを「負担」から「労働力」に変えて受け入れ国の利益にしようという発想が生まれてきたのである（e.g., Betts and Collier 2017=2023）。

　「自立」の重要性は国際的に合意されている。2018年に国連総会で採択されたGCRにおいて、「自立」は、主要4目的の二つ目に位置づけられている。GCRでは「自立」の経済的側面が強調され、次のように、難民の労働と「自立」が結びつけられている。

　　　各国とステークホルダーは、その国の法律と政策の範囲内で、受け入れコミュニティと難民のインクルーシブな経済成長を促進する。女性、若年成人、高齢者、障がい者を含む、受け入れコミュニティの住民と難民の双

▶6　なお、UNHCR事務所規程第1条1では、UNHCRの任務として「難民の自発的帰還」が定められているが、実質的には「自発的」と呼びうるか疑わしい場合もある。それゆえ、ここでは単に「帰還」と表記している。「帰還」を含む「難民問題の恒久的解決」に関する批判的検討としては、本書第5章も参照のこと。

方に恩恵をもたらす経済的な機会、ディーセント・ワーク（人間らしいやりがいのある仕事）、雇用創出、起業プログラムを推進するため、リソースと専門知識を提供する（第70段、注番号削除）。

ところが、こうした、難民の経済主体化という意味の「自立」論には批判もある。イーストン＝カラブリアと小俣は、「ネオリベラルな諸原理に基づく現在の自立の概念化が、難民の経済的エンパワメントや、それに伴う自立の達成への実現可能なアプローチであるか否かは疑わしい」（Easton-Calabria and Omata 2018: 1462）と主張する。「自立」の論理は、個々人が他者に依存しない経済主体となることを要請するので、「自立の追求は道徳や責任の観点から賞賛される一方で、難民間の依存という現象は、堕落や、規律を欠いた態度や行動につながるとして批判される」（Easton-Calabria and Omata 2018: 1463）。さらに、難民は、保護水準の切り下げを懸念して、「自立」していると見られることを恐れさえするという（Easton-Calabria and Omata 2018: 1467）。難民の経済主体化を促すという意味での「自立」は、脆弱で保護を必要とするはずの難民に対して、みずからの苦境からみずから脱することを求める論理になりかねないのである。「自立」を要請するのは諸国やUNHCRであって、難民がみずから「自立」したいと考えているかは自明ではなく[7]、その意味において、「自立」アプローチが実効的な当事者性回復の方途となりうるかは疑わしい。

そこで要請されるのが、もう一つの「じりつ」、すなわち政治的「自律（autonomy）」である。「自律」とは、さしあたり、政治空間においてみずからの生に関連する選好を実現する能力を意味する。近年、難民の政治的権利と参加が強調されるようになりつつある（e.g., Bender 2020）。GCRでも、「難民の『グローバル難民フォーラム』への意味ある参加を促進するとともに、議論の過程で確実に難民の視点が反映されるようにする」（第106段）と謳われている。

「自律」を実現するためには、難民の政治参加を「意味ある」ものにする必

▶7 言うまでもなく、経済的「自立」をみずからの意思で目指す難民も少なからずいる。本章は、そうした人々の「自立」への意思を否定するものではない。しかし、安易な「自立」の要請は、「自立」したくない／できない人々（たとえば、家族内ケア労働から逃れられない人々や障がいを持つ人々など）を排除しかねない。

要がある（Harley and Hobbs 2020）。なぜなら、かれらの政治参加が当事者性回復に資さないかもしれないからである。理由は二つある。第一に、GCR などの諸文書で政治参加が謳われていても実際の参加機会が限られていたり、かれらの声が意思決定過程で閑却されたりするかもしれない。第二に、より重要な点として、政治的権利の付与が人道主義的恩寵を脱しないかもしれない。「『強者』は、『弱者』のできることやできないことを決め、かれらがいついかに脆弱となるかや、レジリエントで自立する（させられる）ようになるかを決定しうる」のである（Krause and Schmidt 2019: 37）。

「意味ある」難民参加の追求にあたり、難民主導組織（refugee-led organizations）の役割は重要である。たとえば、難民の声ネットワーク（Network for Refugee Voices）という NGO は、「我々に関するいかなることも、我々抜きで行うな（Nothing about us without us）」というスローガンを掲げ[8]、以下のような主張を展開する。

> 難民と離散民は、包括的かつ持続可能なグローバル難民政策の策定と実施にとって本質的なステークホルダーである。これらの人々は、政策が策定された後に国際的な議論に引き立てられることがあまりに多い。かれらは、積極的に変化を生み出す主体でも、個人的かつ職業的な現場での経験を持つ専門家でもなく、象徴としての危機の犠牲者（token victims of the crisis）として〔のみ〕包摂される。難民の利益が適切に取り扱われるならば――そして意思決定過程が頑強性と持続可能性を推進するものであるならば――難民は交渉のテーブルにつかなければならないのだ[9]。

このような難民主導組織は、GCR の起草過程で、UNHCR といった交渉当事者に積極的に働きかけ、「〔GCR の文言の〕最終結果に爪痕を残した」という（Rother and Steinhilper 2019: 253）。難民の声は難民主導組織を通して国際的な

▶8　このスローガンは、元々は障がい者の政治参加運動の中で提唱されたものであるという。この点は、石川えり氏（難民支援協会）からご教示いただいた。記して御礼申し上げる。

▶9　難民の声ネットワーク Web サイト（https://www.networkforrefugeevoices.org/）（最終閲覧日：2024 年 11 月 13 日）より。

場に届けられ、政府間国際機構であるUNHCRや、主権国家間の協議成果であるGCRに影響を与えたのである。

第2項　EU域外出入国管理政策に対する異議申立
——市民社会の役割

　人道主義は、法に規律されない難民の選別と排除の基盤にもなりえ、しばしばかれらの排除を正当化するし、そこで難民の当事者性は剝奪される。その最たる例が、EUによる、人道主義のレトリックに基づいた難民排除である。たとえば、2020年、欧州委員会のフォン＝デア＝ライエン委員長は以下のように述べた。

> 　我々は、人間的かつ人道的な（human and humane）アプローチを取ります。海上で人命を救うことは選択の対象ではありません。〔……しかし〕庇護と送還の緊密なつながりを確保します。滞在する権利を持つ者とそうでない者を明確に区別する必要があります（Von der Leyen 2020）。

　すなわちEUは、特定の人々を助け、受け入れる一方で別の人々を排除するという一見したところ相反する姿勢を、人道主義のレトリックに基づいて正当化しているのである。

　EUやEU加盟国はしばしば難民を排除している[▶10]。EU加盟国やEU機関が、一度EU加盟国に入国した者を排除する行為は「押し返し（pushback）」と呼ばれ、陸・海の双方で見られる。ただ、「押し返し」には、それがEU域内で行われる限り、EU法や欧州人権条約に基づく一定の法的規律がおよびうる。また、EUが近隣諸国を「援助」して、難民を、EU加盟国に到着する前に排除させる、「引き戻し（pullback）」と呼ばれる実践も見られる。「引き戻」された難民が劣悪な施設に収容され、人身取引や虐待の被害を受けることも珍しくないが、「引き戻し」は「EUによる移動者排除に資するような域外第三国の主権的行為」（大道寺 2022: 156, 強調削除）であり、既存の法に基づく匡正が期

▶10　本段落の記述は、大道寺（2023b）に基づいている。

待しづらい。

　こうした排除に対しては、CSOs を通じた異議申立がなされている。たとえば、オメール・シャッツ（Omer Shatz）氏を中心とした Front-Lex というNGO は、「押し返し」への欧州国境沿岸警備機関（Frontex）の関与を問題視し、その活動の適法性を EU 司法裁判所で争うべく訴訟を提起している。Front-Lex は EU 出入国管理政策における法の支配の実現を目指しており、シャッツ氏は「司法府を蚊帳の外に置いておきたくなかった」と述べている[11]。また、グローバル法行動ネットワーク（GLAN）は、「戦略訴訟を通して社会の変化を促す」ために、様々な分野で訴訟を提起している NGO である[12]。GLAN は、「引き戻し」の中でリビア沿岸警備隊が海上での船舶支援を行う NGO の活動を妨害し複数の死者が出た事案について、イタリアを被告として欧州人権裁判所に出訴し、係争中である（Moreno-Lax 2020: 387）。

　このように、CSOs は、深刻な人権侵害の中にあって当事者性を失っている難民に代わって、その法的救済を試みている。その意味において、CSOs も、《グローバル異議申立デモクラシー》の重要な回路である。

おわりに

　本章は三つの議論を展開してきた。第一に、人道主義には、援助者と被援助者のあいだに非対称的関係性を構築し、後者を恣意的決定に服さしめることで当事者性を剝奪するという陥穽がある点を指摘した。第二に、この《人道主義的支配》に抗い、被影響者原理に基づいて難民の当事者性の回復を図る認識枠組として、《グローバル異議申立デモクラシー》を提唱した。第三に、難民の「自律」実現を目指す難民主導組織や、EU の難民排除の匡正を図る CSOs の実践が、《グローバル異議申立デモクラシー》を（部分的ながら）例証していると論じた。こうした議論は、難民レジームの「デモクラシーの赤字」への理論的処方箋となりうる。なぜなら、《グローバル異議申立デモクラシー》は、当

▶11　シャッツ氏へのインタビュー（2021 年 10 月 15 日、Zoom）。
▶12　GLAN の活動については、Web サイト（https://www.glanlaw.org/（最終閲覧日：2024 年 11 月 13 日）を参照した。

事者性を奪われた難民が、みずからの「声」を間接的ながら難民レジームに入力し、それによって再び「当事者」になるための方途を構想する一助になるからである。

　本章には、《人道主義的支配》や《グローバル異議申立デモクラシー》といった概念のさらなる精緻化や、事例研究の蓄積による一層の実証性の付与といった課題が残っている。さりとて、難民レジームを、そこに底流する人道主義の観点から批判的に検討し、その上で、難民中心の難民レジーム（論）を模索していくことの重要性に疑いはない。

＊本章は、日本学術振興会科学研究費 20K13437、20H01467、23H00037 の助成を受けた研究成果の一部である。また、2023 年度日本国際政治学会研究大会において、本章の草稿につき、討論者の赤星聖・小林綾子の両氏ならびにフロアの参加者より有益なコメントを頂戴した。記して御礼申し上げる。

❖ 参考文献 ❖

阿部浩己（1998）「難民法の軌跡と展望——変容する政治的機能」『人権の国際化——国際人権法の挑戦』現代人文社：149-181.
阿部浩己（2017）「グローバル化する国境管理」『世界法年報』第 37 巻：38-62.
五十嵐元道（2016）『支配する人道主義——植民地統治から平和構築まで』岩波書店．
大道寺隆也（2022）「EU による『押し返し（pushback）』政策の動態——EU 立憲主義の可能性と限界」『日本 EU 学会年報』42 号：142-161.
大道寺隆也（2023a）「EU のウクライナ避難民対応——人道主義とその陥穽」『青山法学論集』第 65 巻 1 号：49-72.
大道寺隆也（2023b）「EU による難民排除の諸相——基本権保障をめぐる法と政治」福田耕治編著『EU・欧州統合の新展開と SDGs』成文堂：245-260.
中村隆志（2011）「フィリップ・ペティットの共和主義論——政治的自立と異議申し立て」『關西大學法學論集』第 61 巻 2 号：580-549.
松尾隆佑（2016）「影響を受ける者が決定せよ——ステークホルダー・デモクラシーの

規範的正当化」『年報政治学』2016-II: 356–375.
山岡健次郎（2019）『難民との友情——難民保護という規範を問い直す』明石書店.
米川正子（2017）『あやつられる難民——政府・国連・NGO のはざまで』（ちくま新書）筑摩書房.
Agier, M. (2011) *Managing the Undesirables: Refugee Camps and Humanitarian Government*, Translated by David Fernbach, Polity Press.
Barnett, M. (2013) *Empire of Humanity: A History of Humanitarianism*, Cornell University Press.
Barnett, M. (2014) "Refugees and Humanitarianism," in Fiddian-Qasmiyeh, E., G. Loescher, K. Long and N. Sigona eds., *Oxford Handbook of Refugee and Forced Migration Studies*, Oxford University Press, 241–252.
Barnett, M. and M. Finnemore (2004) *Rules for the World: International Organizations in Global Politics*, Cornell University Press.
Bender, F. (2021) "Enfranchising the disenfranchised: should refugees receive political rights in liberal democracies?" *Citizenship Studies*, 25(1): 56–71.
Betts, A. and P. Collier (2017) *Refuge: Transforming a Broken Refugee System*, Penguin Random House.〔ベッツ, アレキサンダー，ポール・コリアー（2023）『難民——行き詰まる国際難民制度を超えて』滝澤三郎監修, 明石書店〕
Daidouji, R. (2019) "Inter-organizational Contestation and the EU: Its Ambivalent Profile in Human Rights Protection," *JCMS: Journal of Common Market Studies*, 57(5): 1130–1147.
Daidouji, R. (2023) "The case for "global contestatory democracy": Individuals' contestation against global governance," in Japan Association for United Nations Studies (JAUNS) ed. *Evolution of the United Nations System: An East Asian Perspective*, Routledge, 206–221.
Easton-Calabria, E. and N. Omata (2018) "Panacea for the refugee crisis? Rethinking the promotion of 'self-reliance' for refugees," *Third World Quarterly*, 39(8): 1457–1474.
Gammeltoft-Hansen, T. and J. C. Hathaway (2015) "Non-Refoulement in a World of Co-operative Deterrence," *Columbia Journal of Transnational Law*, 53(2): 235–284.
Harley, T. and H. Hobbs (2020) "The Meaningful Participation of Refugees in Decision-Making Processes: Questions of Law and Policy," *International Journal of Refugee Law*, 32(2): 200–226.

Krause, U. and H. Schmidt (2019) "Refugees as Actors? Critical Reflections on Global Refugee Policies on Self-reliance and Resilience," *Journal of Refugee Studies*, 33(1): 22–41.

Moreno-Lax, V. (2020) "The Architecture of Functional Jurisdiction: Unpacking Contactless Control — On Public Powers, *S.S. and Others v. Italy,* and the "Operational Model"," *German Law Journal*, 21(3): 385–416.

Pettit, P. (1997) *Republicanism: A Theory of Freedom and Government*, Oxford University Press.

Pettit, P. (2004) "Democracy, National and International," *The Monist*, 89(2): 301–324.

Pettit, P. (2016) "The Globalized Republican Ideal," *Global Justice: Theory Practice Rhetoric*, 9(1): 47–68.

Rother, S. and E. Steinhilper (2019) "Tokens or Stakeholders in Global Migration Governance? The Role of Affected Communities and Civil Society in the Global Compacts on Migration and Refugees," *International Migration*, 57(6): 243–257.

Schmalz, D. (2020) *Refugees, Democracy and the Law: Political Rights at the Margins of the State*, Routledge.

UNHCR (2005) Handbook for Self-reliance, https://www.unhcr.org/media/handbook-self-reliance-complete-publication（最終閲覧日：2024 年 10 月 3 日）.

UNHCR (2011) Promoting Livelihoods and Self-Reliance Operational Guidance on Refugee Protection and Solutions in Urban Areas, https://www.unhcr.org/media/promoting-livelihoods-and-self-reliance-operational-guidance-refugee-protection-and-solutions（最終閲覧日：2024 年 10 月 3 日）.

Von der Leyen, U. (2020) State of the Union Address by President von der Leyen at the European Parliament Plenary, https://ec.europa.eu/commission/presscorner/detail/en/SPEECH_20_1655（最終閲覧日：2024 年 10 月 3 日）.

第4章
国際難民レジームは「終わる」のか？
——タンザニアにおける難民の帰還／送還とノン・ルフールマン原則

杉木 明子（慶應義塾大学）

はじめに

　古くから迫害や紛争などの理由により故郷を離れた人々は存在していたが、これらの人々を保護するために第一次世界大戦以降、いわゆる国際難民レジームが形成されてきた。国際難民レジームの中心となる規範は、国際難民条約（1951年難民の地位に関する条約・1967年同議定書）であり、UNHCRとともに、国家、NGO、民間企業、一般市民など多様なアクターが難民保護に関与している。しかし、近年、多くの国が難民の諸権利を否定する政策を行っていることから、国際難民レジームの危機や限界を指摘する論調が目立つようになってきた（Betts and Collier 2017=2023; Ferris and Donato 2020）。とくに憂慮されるのは、生命や自由が脅かされる可能性がある人々の入国を拒否したり、それらの場所へ送還することを禁止する、ノン・ルフールマン原則の違反である。同原則は、国際難民条約や様々な国際条約に記載され、慣習国際法として広く認知されるとともに、難民保護の最後の「砦」といわれてきた。ノン・ルフールマン原則の違反は主に二つのタイプに大別できる。第一は、安全でない出身国や第三国へ難民を送還／帰還させることである。第二は、「コンストラクティブ・ルフールマン」または「疑似ルフールマン」などとよばれる間接的なル

▶1　レジームや国際難民レジームの定義に関しては第1章を参照。

フールマンである。たとえば庇護希望者が入域・入国を阻止し、「押し返し」政策を実施したり、難民に対する様々な支援を停止したり、金銭を供与することで難民が帰還することを同意させるといった政策などがある。このような実態はノン・ルフールマン原則の不履行を示すだけでなく、国際難民レジームの「終わり」を示唆するのではないだろうか。

　これまで様々な問題領域において国際レジームが形成されてきたが、これらのレジームは常に維持され、発展するわけではなく、停滞したり、消滅する場合もある。難民保護の危機や限界が指摘される今日において、国際難民レジームは存続し続けるであろうか。本章では、難民保護の核となる規範であるノン・ルフールマン原則に着目し、タンザニアにおける難民の帰還を事例として同原則の履行状況を分析することで、国際難民レジームの実態を検討したい。難民の帰還には様々なタイプがあるが、二つのタイプに大別できる。第一は難民みずからのイニシアティブで出身国へ戻る、自主帰還（spontaneous return 又は self-repatriation）とよばれる非公式な帰還である。第二は UNHCR、難民受け入れ国、難民出身国が三者間協定を結んで実施される公的な帰還であり、「自発的帰還支援プログラム（AVRP）」が実施されることが多い。本章では後者を分析する。タンザニアを事例とする理由は主に二つある。第一はサハラ以南アフリカ（以下、アフリカ）は世界の約40％の難民が住む地域であり、一時期を除き、帰還難民数が世界で最も多い。2021年末の時点でアフリカ諸国に帰還した難民は全世界の約90％を占めている。タンザニアは世界有数の難民受け入れ国であり、これまでに大規模な難民の帰還事業を行ってきた。第二に、タンザニアが行ってきた難民政策や帰還の実践は他のアフリカ諸国と共通する問題を抱えており、難民受け入れ国の実態を理解することに有用である。本章は第1節で分析の枠組みを提示する。第2節は、ノン・ルフールマン原則と難民の帰還に関する規範を確認する。第3節でタンザニアの事例からノン・ルフールマン原則の履行状況や国際難民レジームの「有効性」を検討したい。

第1節　分析の視角

　国際レジームは多様なアクターの交渉や妥協によって形成されており、形成

後のレジームは常に不変ではない。宮脇（2003: 61-63）は、レジームの形成後の変化を捉える際の指標として、「有効性」と「持続性」という概念を提案している。ここでいう「持続性」とはアクターがレジームの規範、原則、ルール、決定手続きを利用する度合いである。他方、レジームの「有効性」は、当該アクターが、レジームの規範や原則などをどの程度履行されているかによって判断される。本章では国際難民レジームの変化や変容を捉える指標として、レジームの核となる規範の履行状況に着目したい。ここでいう規範とは、「特定の社会のアクター間で共有される、適切な行為の基準」であり（足立 2015: 17）、規範はレジームの本質をより強く規定する（服部 2021: 14）。世界政府が存在しない世界において、難民保護を担う第一義的アクターは国家である。出入国管理や難民の認定は国家の専管事項であり、難民保護は国家の裁量に委ねられている。同時に多くの国（政府）は難民支援に関与する諸アクターからの働きかけを完全に無視することはできない。

　本章は、難民の帰還に関する取り組みからノン・ルフールマン原則の履行状況を考察する。従来の規範研究ではフィネモアとシキンク（Finnemore and Sikkink 1998）が提示した規範ライフサイクル論が主流であった。この理論では規範は形成（生成）、伝播・拡散を経て、内面化され、履行されるプロセスが想定されている。しかし、規範の拡散や受容のプロセスは単線的で不可逆的ではなく、多くの規範は出現しても内面化せず、内面化した場合でも実効性を伴わない「形式的内面化」に陥っている（小川 2017: 252）。また規範の受容・拡散・内面化の過程において、規範の解釈や運用が変化したり、規範の内容が変化する可能性もある。そのため近年の規範研究では規範対抗理論（Theory of Norm Contestation）が注目されている。本章は、規範対抗理論を援用し、規範が誕生し、拡散し、内面化される過程において、規範の適用や妥当性をめぐる対抗が生じ、規範の内面化や履行状況が変化することを想定している（図4-1参照）。始点となるのは「規範起業家」による新たな規範の提案である。「規範起業家」は規範に対する支持を得るために様々な活動を行い、規範を支持するアクターが増加することで、規範が拡散する。その過程で諸アクターからの支持が閾値を越えるならば、「ノーム・カスケード」が起き、新たな規範が支配的になる。しかし、新たな規範は「規範アンチプレナー（又は規範抵抗者）」に

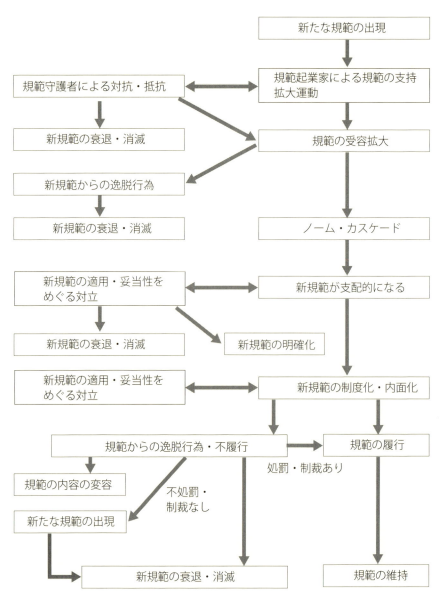

出典：足立（2015）; Panke and Petersohn(2011); Deitelhoff and Zimmermann(2020) から筆者作成。

図 4-1　規範の形成・内面化と衰退・消滅のプロセス

よって規範の拡散が妨害されたり、既存の規範を守るために「規範守護者」が新たな規範の受容を阻止する場合がある。規範に対する挑戦メカニズムは規範に基づく制度や規範の強度、規範に関係する国際環境、規範に関与する諸アクターによって異なる。規範の挑戦がある程度受容されると規範は「逆カスケード」へ移行する。「逆カスケード」がどの程度進展するか、規範が消滅するか否かは、「規範アンチプレナー」の強度、規範に関与する諸アクターの規範の受容、規範の制度化の強度や規範不履行に対する処罰や制裁の有無などによって異なる。規範が内面化・履行される段階へ到達した場合でも、規範の妥当性や適用をめぐる抵抗が生じたり、規範が遵守されず、衰退・消滅することがある（McKeown 2009: 11）。

ここで留意したいのは規範に対する批判や対抗が必ずしも規範の弱体化や消滅をもたらすのではなく、規範を強化する可能性があることである。ヴァイナー（Wiener 2007: 56）は規範の競合や対抗によって規範の意味や対象範囲が明確になり、その存在意義が確認され、規範が強化される可能性があると論じている。[2] ダイテルホフとツィマーマン（Deitelhoff and Zimmermann 2020: 52-59）は、規範に対する対抗をその内容に応じて二つのタイプ（「適用をめぐる対抗」と「妥当性をめぐる対抗」）に区分して、検討することを提案している。前者は、規範の解釈や適用をめぐる対抗であるため、規範が弱体化しないのに対して、後者は、規範の妥当性や正当性を問うため、規範が弱体化する可能性がある。むろん現実にはどちらのタイプであるか線引きすることは難しく（阿部 2020: 17-18）、「適用をめぐる対抗」である場合でも、適用範囲や解釈をめぐる対立が続くうちに、規範の妥当性自体に疑問が生じる可能性もある（Panke and Petersohn 2011; Mckeown 2009）。

以上から難民の帰還を通してノン・ルフールマン原則の履行状況を考察する際、三つの点に注目したい。第一は、規範の履行状況である。ノン・ルフールマン原則など難民保護の核となる規範が諸アクターによって遵守されている

---

[2] たとえばジョージ・ブッシュ政権期のアメリカでは拷問等禁止条約に違反する行為が正当化され、拷問の禁止という規範は弱体化したと考えられた。しかし、アメリカを批判する機会としてロシアや中国などが国際人権規範を支持する立場を表明したために、拷問禁止に関する規範が国際的に強化された（Keating 2014）。

場合や、規範に違反した行為が処罰されるならば、国際難民レジームの「有効性」が維持されていると判断できる。第二は、規範を履行する立場にある政府の反応である。政府がノン・ルフールマン原則の違反を認めつつ、釈明する場合は「適用をめぐる対抗」が起きているとみなし、違反行為自体を正当化する場合、「妥当性をめぐる対抗」が生じているとみなす。その上で、いずれのケースにおいても政府が行う政策によって規範の存在意義が喪失しているか、否かを分析する。第三は、国際レジームの核となる規範の変化である。山本 (2008: 195) が提案しているように、ここではレジームの核となる規範自体が変化したり、消滅している場合は「レジーム自体の変容」とし、基本的な規範は変化していないものの、アクターの行動ルールが変化することを「レジーム内の変容」とみなすことにしたい。

第 2 節　難民の帰還をめぐる規範

第 1 項　難民の帰還とノン・ルフールマン原則

　難民の帰還には様々な規範やルールが絡んでいるが、ノン・ルフールマン原則と関連しているのは以下の三つの原則である。第一の原則は自発的帰還である（Adelman and Barkan 2011: 4-7）。国際難民条約にはノン・ルフールマン原則が記され、1950 年に制定された UNHCR 規程や 1969 年に制定された「アフリカにおける難民問題の特殊な側面を規律する OAU 難民条約（以下、OAU 難民条約）」には、自発的帰還を規定する条項がある。それらの兼ね合いから、非自発的帰還は強制送還に等しく、難民の自由な意思に基づいて帰還が行われるべきであると理解されてきた。自発的帰還の自発性に関しては様々な解釈があるが、出身国に関する十分な情報と帰還以外の多様な選択肢が与えられたうえで、難民がいかなる身体的、心理的、物理的圧力をうけることなく、みずからが帰還を決定することと考えられている（Long 2013: 158-164; UNHCR 1996）。
　第二は、安全で尊厳のある帰還という原則である。UNHCR（1996）が刊行した帰還に関するハンドブック（以下、1996 年ハンドブック）には、難民の帰還は、安全かつ尊厳ある帰還でなければならないと記載されている。1996 年

ハンドブックでは安全を幅広い概念でとらえており、法的、身体的、物理的安全が含まれている。尊厳ある帰還とは、難民が粗略に扱われることなく、無条件で帰還することができ、家族から恣意的に引き離されることなく、敬意ある処遇を受け、完全に権利の回復がなされて迎えられることと理解されている。

第三に、UNHCRが帰還を奨励するタイミングは、難民出身国において、政治体制の変化、民主的な選挙、国連平和維持活動の実施、法の支配の回復などの根本的な変化が起きたことが目安となっている（Crisp 2019）。

第2項　ノン・ルフールマン原則と帰還に関する規範をめぐる論争

難民の帰還に関する原則に対する様々な議論があるが、紙幅の都合からとくに重要な論争に焦点をあてる。「適用をめぐる対抗」としては、主に三つをあげることができよう。第一は、安全保障上の理由によるノン・ルフールマン原則の違反行為の正当化である。自由権規約、拷問等禁止条約ではノン・ルフールマン原則は逸脱不可能な強行規範になっている。他方、受け入れ国の安全保障に脅威となる者、犯罪者、人道に反する罪を犯した者はノン・ルフールマン原則の適用から除外される、1951年難民条約第1条F（C）項やOAU難民条約第1条5項において除外条項が明記されている。これまで安全保障上の理由から除外条項を適用することに対しては、慎重な対応が求められてきた。2003年のUNHCRガイドラインでは、除外条項は常に制限的に解釈されるべきものであると記されている（UNHCR 2003）。EU司法裁判所も除外条項の適用に関しては慎重な姿勢を示してきたが、近年はテロリストおよびテロ組織への資金供与や渡航支援を行った者に対して除外条項の適用を認める判決を出し[3]、難民認定を取り消された人が出身国へ強制送還されるケースが増えてきた。

第二は、帰還において難民の自発的意思はどこまで考慮されるべきなのかという問題である。難民出身国が安全でなく、帰還難民の受け入れ体制が整っていない場合でも難民が望むならば、帰還を認めるべきという主張には、肯定的な見解と否定（懐疑）的な見解がある。ここで留意されるべきことは難民出身国の治安や政治情勢が改善していないにもかかわらず、難民が帰還を望む理由

---

[3]　たとえば、B and D 事件判決を参照 [CJEU 2010]。

である。しばしば難民キャンプの閉鎖が示唆されたり、食糧援助、教育、医療サービスの提供などの難民支援が縮小または停止されたり、難民受け入れ国における治安の悪化や排斥運動の高まりなどによって、難民が帰還をせざるをえない状況に追い込まれている場合がある。また資金、教育、職業訓練の提供等が帰還を促す手段として用いられていることが頻繁に行われている。難民が出身国へ戻り、新たな生活を開始するために不可欠な資金や支援を提供すること自体は問題ではない。だが、帰還を躊躇する難民に対して、資金を渡し、帰還後の安全や人権が保障されていない出身国や「第三国」へ帰還することを合意させ、自発的帰還という体裁を整えることには道義的問題があり（Gerver 2018: 124-140)、ノン・ルフールマン原則に反する。

　第三は、難民が合意しなくても、難民出身国の安全が担保できれば難民の帰還を推進することを許容する見解である。ハサウェイ（Hathaway 2005: 919-920）は、ノン・ルフールマン原則に付随する基準は安全であると論じている。難民の法的地位が付与されるのは、個人が紛争や人権侵害により迫害を受けている又はその恐れがあることが根拠となっており、その状況が変化した場合、難民として保護される必要はない。したがって難民の出身国で紛争が終結して平和になったり、政治状況が変化したならば、難民の法的地位は消滅することになるから、難民の意思にかかわらず、難民は帰還すべきだと論じている（Hathaway 1997: 551-552)。この主張は難民受け入れ国や難民出身国から支持されている。難民条約第１条Ｃ項の終了条項には、難民の地位が消滅する理由が記載されている。その適用に関しては、出身国の変化が持続性を有するものであることを含めて、慎重かつ公正に評価が行われることが求められている。だが、現実には、難民受け入れ国、難民出身国、UNHCR 等の交渉で政治的に判断され、難民の意向は軽視され、その基準は恣意的である（Siddiqui 2011)。政治指導者や統治エリートと個々の難民が抱く安全に対する認識は異なる。難民の出身国が安全であるか、否かを難民受け入れ国、出身国、UNHCR 等が判断

▶4　たとえば、2007 年にスウェーデンは帰還することを合意したアフガニスタン人へ1世帯当たり 7,150 ドルを支給した。2019 年にドイツ政府は母国へ帰るアフガニスタン人へ 7,000 ドルを支払い、オーストラリアはロヒンギャ難民がミャンマーへ帰る場合、2万ドルを払うと約束した。

し、難民が帰還を拒否した場合でも、安全性が確保されたことで、帰還を推進することは倫理的に問題がある（Long 2013: 166）。チムニ（Chimni 1993: 454）は、国家や国際機関が難民の代わりに帰還の是非を判断することは難民に帰還を強要することであり、ノン・ルフールマン原則に違反すると批判している。

「妥当性をめぐる対抗」に該当するのが、2000年代以降に提案されてきたノン・ルフールマン原則に反する難民の帰還である。UNHCRは帰還難民の安全が確保され、持続的な帰還が可能であるという見込みを客観的に判断することを難民の帰還を進める条件としてきた（UNHCR 1996）。しかし、2004年のUNHCR執行委員会では、帰還する権利を妨げないため、難民の出身国の政治状況や治安の改善を帰還の条件にしなくてもよいという考えが提示された（UNHCR 2004）。同様の見解は2016年難民・移民に関するニューヨーク宣言（UN 2016）や2018年難民に関するグローバル・コンパクトに記されている（UN 2018）。

第3節　タンザニアにおける難民の帰還

第1項　難民政策の変遷

　1962年に独立したタンザニアの難民政策は主に三つの時期に大別できる。第1期は1962年から1985年までで、門戸開放型難民政策が実施されていた。この時期は初代大統領であるニエレレが掲げるパン・アフリカニスト的思想、反アパルトヘイトや解放闘争への支援、ウジャマー社会主義に基づく農村開発などの意向を反映した難民政策が実施され、近隣諸国から逃れてきた難民は比較的寛大に受け入れられていた（Milner 2009: 109-111）。

　1962年にベルギーから独立したブルンジでは不安定な政治状況が続き、たびたび大量難民が近隣諸国へ流出している。1972年、内戦時にフツに対する大虐殺が行われたが、その際約30万人におよぶブルンジ人が近隣諸国へ逃れ、タンザニアでは約9万人のブルンジ人が難民として認定された。タンザニア政府はこの時期にきたブルンジ人をプリマファシ難民（PFR）として受け入れ、計13か所に建設された難民居住地（Refugee Settlement）へ移住した難民に対

して、タンザニア政府は住居と農地を支給した。これらの難民居住地で暮らす難民は農作物を栽培し、経済的に自立し、税金を支払っている（AI 2005: 4）。この時期に来たブルンジ難民は「1972年難民」または「オールド・ケースロード」とよばれ、多くのブルンジ難民は現地社会に統合されていた。

　第2期は1985年から1990年代半ばまでで、比較的寛容であった難民政策が変化する過渡期である。1980年代半ば以降、タンザニアは深刻な経済危機に直面し、1985年に大統領に就任したムウィニはIMF・世銀の主導による構造調整政策を受け入れ、ウジャマー社会主義に基づく経済政策を放棄し、経済の自由化を進めた（Veney 2007: 65-72）。1990年代半ば以降、ブルンジ、ルワンダ、ザイール（現コンゴ民主共和国）では大規模な紛争や深刻な人道危機が起き、大量の難民がタンザニアへ流入した。激増する難民に直面し、タンザニアでは難民の受け入れに否定的な論調が高まることとなった。タンザニアでは1992年に憲法が改正され、1995年複数政党制による普通選挙が実施されるが、選挙キャンペーン時に与野党の政治家の一部は難民の排斥や帰還をスローガンに掲げ、一定の支持を得るようになり、難民の受け入れが「政治化」した（Milner 2009: 114）。タンザニア政府は従来の門戸開放型難民政策を撤回し、1993年にブルンジとの国境を封鎖し、1994年4月にルワンダでジェノサイドが発生し、大量のルワンダ難民が流入するとルワンダとの国境も閉鎖した。

　第3期は抑圧的な難民政策が確立した1996年以降である。それを象徴する事象が、1996年末に実施されたルワンダ難民の強制送還である。ルワンダ政府はタンザニアへ政治的圧力をかけ、ルワンダからの侵攻を恐れたタンザニア政府は1996年から97年にかけて約53万1,742人のルワンダ難民を強制送還した[5]。このときタンザニア政府が危惧していたのは、「第2のコンゴ」になることであった（Whitaker 2003: 217-218）。1994年7月に政権を掌握したルワンダ愛国戦線（RPF）は、ルワンダ難民が最も多く避難したザイールへ侵攻し、東部の一部を支配下に置き、約186万人のルワンダ難民を帰還させた（Yonekawa 2020: 57-71）。

　ブルンジからの難民の流入は続き、1997年1月から3か月間で約2万から

▶ 5　UNHCR, Refugee Data Finder, https://www.unhcr.org/refugee-statistics/（最終閲覧日：2024年8月10日）.

3万人がブルンジから到着し、タンザニア北西部にある難民キャンプの環境が著しく悪化した。難民キャンプではブルンジ難民のあいだで派閥抗争が発生して死傷者が出たり、ブルンジの武装組織が移動し、安全保障上の問題が生じた（ICG 1999）。事態を深刻に受けとめたタンザニア政府は、難民政策をさらに厳格化し、1966年難民法を改正して1998年難民法を制定した。旧法（1966年難民法）と比べると、1998年難民法には難民の定義、難民保護に関係する行政機関や諸手続きなどが明記されている点は評価されている。だが、タンザニアが加入している国際難民条約やOAU難民条約などと比較すると、1998年難民法は難民の移動の自由や就労の権利を制限し、6人以上の集会は禁止されており、国際的な規範で保障されている難民の諸権利が認められていない（Kamanga 2005; 中坂 2012）。

　タンザニア政府は常に難民に対して抑圧的な政策を実施してきたわけではない。タンザニア政府は1980年12月に3万6,000人のルワンダ難民に市民権を付与し、2007年には希望する「1972年難民」を審査し、市民権を付与することを発表した（Milner 2014: 558）。市民権の認定と交付は大幅に遅れたものの、2015年3月までに14万9,630名が市民権の証明書を受領した（Kuch 2016: 472）。2016年9月に開催された難民と移民に関する政府高官サミットでは、CRRFへの参加を表明し、2017年には難民の権利の保護、難民の経済的自立と社会統合、タンザニア政府は「1972年難民」の帰化などを盛り込んだロードマップを策定した（Fellesson 2019: 2,701-2,706）。2018年1月にタンザニア政府は突如CRRFから撤退することを表明し、これらの計画は頓挫することになったが、庇護国への定住や社会統合を視野にいれた難民政策が模索され、政府関係者間で一定の支持を得ていたと考えることができるだろう。

第2項　ブルンジ難民の帰還とノン・ルフールマン原則

　タンザニアにおける難民政策はブルンジの政治状況と連動している。これまでに大量のブルンジ難民の移動の「波」が三度（1972年、1993年、2015年以降）おきている（**図4-2**参照）。それに呼応して、タンザニアの難民政府は変化し、大規模なブルンジ難民帰還事業を3回（1993年、2000年以降、2017年以降）にわたって進めてきた。ここでは1990年代以降のブルンジ難民の移動と

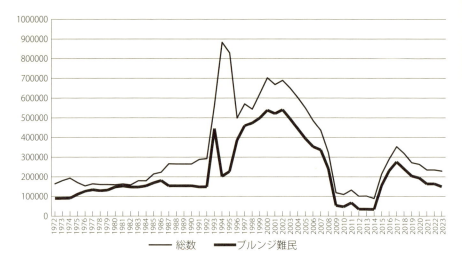

出典：UNHCR, Refugee Data Finde（https://www.unhcr.org/refugee-statistics/download/（最終閲覧日：2024年8月25日）より筆者作成。

図4-2　タンザニアに居住する難民・庇護申請者（1972～2023）

帰還の実態をみていきたい。

2000年代以降のブルンジ難民の非自発的帰還

　1993年、ブルンジではンダダイエ大統領が暗殺され、内戦が発生した。タンザニアへ避難するブルンジ難民は急増し、その数は1993年末には前年の約4倍となる44万4,867人になった。1993年以降にタンザニアに来たブルンジ難民の大半はカゲラとキゴマに設立された三つの難民キャンプに住むこととなった。難民キャンプでは、農業を営むための土地が難民へ割り当てられていたが、難民の増加が続いたため次第に配当される土地の面積が縮小された。1993年以降に建設されたすべての難民キャンプはタンザニア内務省の管轄下にあり、実質的な運営はUNHCRとその実施パートナーであるNGOが担っているが、食糧は世界食糧計画（WFP）から支給されていた（AI 2005: 4）。1990年代半ば、ブルンジのみならず、ルワンダやコンゴ民主共和国（以下、コンゴ）においても大規模な紛争が発生したため、タンザニアの難民受け入れ数は

急増した。1995年にタンザニア政府はルワンダおよびブルンジからの庇護希望者の越境を防ぐために、ブルンジとの国境を封鎖し、庇護希望者の入国を制限した。さらに政府はすべての難民に対して難民キャンプに居住し、許可を得ることなく難民キャンプから4km以上離れることを禁止した（CSFM and IRRI 2009）。警察は難民キャンプ外にいる難民を度々逮捕し、1997年、軍は難民キャンプに居住していない難民や「不法滞在者」を取り締まる大規模な一斉摘発を行った。国境付近で逮捕された「不法滞在者」は強制送還されたり、難民キャンプへ移送された。強制送還の主な対象者はブルンジおよびコンゴ出身者であった。同年1月10日から11日にかけて約126人のブルンジ人が強制送還されたが、ブルンジに到着後、これらのうち少なくとも122人が処刑されたと報告されている（USCRI 1997）。

　ブルンジ難民の受け入れが政治問題になると、タンザニア政府は早急な対応を迫られ、帰還を推進した。ブルンジの政治情勢が安定しない中、1998年にタンザニアは、ブルンジやUNHCRと協議し、ブルンジ難民の帰還を行う「三者委員会」を設けた。ブルンジの紛争当事者間で2000年に「アルーシャ平和和平協定」が締結され、翌年に暫定政権が発足すると、タンザニア政府はブルンジ難民の帰還を本格的に着手した。2002年時点でブルンジ各地の治安が不安定であることを懸念するUNHCRはブルンジ難民の帰還を奨励することに賛成しなかったが、帰還を促進することには同意し、帰還を支援した。2003年にブルンジ最大の反政府武装勢力である、民主主義防衛国民会議・民主主義防衛軍（CNDD-FDD）が暫定政府と停戦協定を結ぶとブルンジへ帰還する難民が増えた。UNHCR等の支援により2002年に5万900人のブルンジ難民が帰還し、2003年に7万9,925人、2004年には8万9,039人が帰還した。しかしブルンジ難民の帰還は順調に進まなかった。タンザニア政府は2005年までにタンザニアに住むブルンジ難民を「0」にすると発表し、2005年内にブルンジ難民15万人を帰還させることを目標として設定した（AI 2005: 13-14）。だが、

▶6　UNHCRは「促進（facilitation）と「奨励（promotion）」という言葉を使い分けている。前者は、難民出身国が安全で尊厳ある帰還に不可欠な最低限の条件が満たされない状況下で帰還を希望する難民に支援を提供する場合に使用される。後者は、帰還を行う場合、UNHCRが積極的に帰還を実施する際に使用される（AI 2005: 15）。

2005年に帰還したブルンジ難民は6万2,338人にすぎず、2006年以降、帰還難民の数はさらに減少した。

2008年12月になると、「三者委員会」は2009年を「帰還の最終年」とし、1993年以降に来たブルンジ難民が多く居住するムタビラ難民キャンプを2009年6月までに閉鎖すると発表した（のちに9月末まで延長された）。同キャンプで提供されていた様々な難民支援が縮小または停止された。タンザニアやUNHCRは帰還の前提はあくまでも難民の自由な意思に基づく自発的帰還であり、残留を希望する難民の意思に配慮すると説明していたが、実際には帰還に合意させるために様々な手段が駆使されていた。それにもかかわらず多くのブルンジ難民は帰還を拒否し、2009年8月21日の時点でムタビラ難民キャンプから帰還したブルンジ難民は3万人中5,000人にすぎなかった（CSFM and IRRI 2009: 9-10）。

2012年に入るとタンザニア政府はさらに強行にブルンジ難民の帰還を遂行した。政府は、ムタビラ難民キャンプに住むブルンジ難民への支援を停止し、キャンプ内で農作業に従事することを禁止した。さらに帰還の合意を促すインセンティブとなる資金を帰還難民へ支払うことを発表した。それでも多くのブルンジ難民は帰還することに抵抗したことから、タンザニア政府はブルンジやUNHCRと協議し、「1990年代難民」に対して終了条項を適用することを決定した。タンザニアに残留することを希望するブルンジ難民に対しては終了条項適用の妥当性が個別に審査されることになっていたが、2012年8月に終了条項が発効すると大半のブルンジ難民が終了条項の対象となり、難民の資格を喪失した（Boeyink and Schwartz 2023）。タンザニア政府は、帰還に抵抗するブルンジ難民に対して度々暴力的手段も行使してきた。2012年10月にはタンザニア軍が出動し、多くのブルンジ難民を強制的にブルンジ南部の「受付センター」へ送還した。ブルンジ難民の中には、タンザニア軍の兵士に殴打され、所持品を持つことも許されないまま、トラックに載せられ、ブルンジへ移送された人もいた（Hovil and Mbazumutima 2012）。

2017年以降のブルンジ難民の非自発的帰還

2015年、ブルンジではンクルジンザ大統領が三選規定に反して大統領選挙

に立候補することを表明しことで政治的混乱が広まり、治安が悪化した。再び多くのブルンジ人がタンザニアへ移動し、ブルンジ難民の数は激増した。2014年の時点でタンザニアに居住するブルンジ難民・庇護申請者は3万4,354人であったが、2015年には15万5,851人、2016年には23万1,005人になった。タンザニア政府はPFRとしてブルンジ難民を受け入れ、ほとんどのブルンジ難民は北西部にある三つの難民キャンプに居住した。難民キャンプは過密状態で、慢性的な資金不足のため十分な支援が難民へ提供されなかった。

2017年1月、タンザニア政府はブルンジ難民をPFRとして認定することを中止した (Fellesson 2019: 2,708)。同年7月ブルンジ政府、UNHCRとともに「三者委員会」を再結成し、帰還プログラムを再開した。同時にブルンジに隣接する国境付近に設けられていたトランジット・センターは2018年6月までにすべて閉鎖された (AI, 2019b)。タンザニア難民支援局は、ブルンジに近いタンザニア西部で庇護申請を登録することを中止した (AI 2019a)。さらに2018年にCRRFから離脱することを突如発表し、「1972年難民」に対する市民権付与プログラムを中断した (Boeyink and Schwartz 2023)。タンザニア政府は積極的にブルンジ難民の帰還をよびかけ、2017年9月から2018年12月までのあいだに「自発的帰還プログラム」によってブルンジへ約6万人の難民が帰還した。だが、2019年の時点で帰還したブルンジ難民の4倍以上がタンザニアにおり、2019年以降になると帰還するブルンジ難民の数は減少した (Boeyink and Falisse 2021)。

タンザニア政府はブルンジ難民の帰還をより迅速に推進するために、様々な方策を講じてきた。第一は、ブルンジ難民の意思に反した帰還の強行である。2019年8月にタンザニアとブルンジのあいだで「密約」が結ばれたとリークされている。アムネスティ・インターナショナル (AI) の報告によると、「密約」では、2019年9月の第2週目から新たな帰還プロセスを開始し、同年12月31日までに完了することや、帰還は、難民の合意がなくても実施することが記載されている (AI 2019b)。タンザニア内務省が国連機関や国際NGOへ送ったメモには、難民の社会統合を推進し、帰還を推奨しない支援に対して、タンザニアでの活動を即座に停止させると記されていた (Boeyink and Schwartz 2023)。

第二は、難民キャンプにおける援助や支援活動の縮小または停止である。2017年、タンザニア政府はWFPが行っていた現金移転プログラムを突如停止した。これはムタビラ難民キャンプにすむ、約1万人の脆弱な難民を対象として2016年12月から始まったパイロット・プログラムで、1世帯あたり、約9ドルが支給されており、他の地域に住む約8万人への支援を拡大する予定であった（Boeyink 2019: 67）。タンザニアでは難民支援に関連する資金は慢性的に不足しており、2018年末の時点でブルンジ難民の支援に必要な資金のうち36％しか調達できなかった。そのため難民キャンプでの食料援助の配給は減少し、必要とされる50％しか支給されていない（Boeyink and Schwartz 2023）。また教育、保健・医療などの提供も縮小し、最低限必要な生活必需品も支給されていない（UNHCR 2019）。タンザニア政府は難民と隣接コミュニティが共有しているマーケットを閉鎖し、難民キャンプ内においても難民が経済活動に従事することを禁止した。ブルンジ難民は、難民キャンプ内で農作物を栽培するとともに、キャンプ外でインフォーマルに農場や建設現場などで日雇い労働に従事したり、小規模なビジネスを行うことで生計を立ててきた。だが、難民キャンプ内およびその周辺地域での警察の監視や取り締まりが強化されるとインフォーマルな経済活動を行うことが難しくなり、難民の生活は益々困窮することとなった（Van Laer 2018）。

　難民キャンプにおいて治安が悪化したことは、難民が帰還を選択する一因になっている（HRW 2019）。難民キャンプ内では比較的裕福な難民を対象とした、身代金目的の拉致・誘拐事件が頻発した。また、難民キャンプ内外に駐在している警察官による難民に対する嫌がらせや賄賂の要求などの不正行為が増加していた。深夜に「警察官」が訪問し、恣意的に逮捕された難民が失踪するケースもある（HRW 2020）。ブルンジの治安維持機関関係者や与党の青年組織であるインボネラクレ（Imbonerakure）等もブルンジ難民の野党支持者を摘発するためにタンザニアの難民キャンプなどで諜報活動を行っており（HRW 2019）、タンザニアの治安維持関係者と共謀した難民の失踪事件も発生している。ヒューマン・ライツ・ウオッチ（HRW 2020）の報告によると、2019年10月から2020年8月までのあいだにタンザニア警察・諜報機関によって少なくとも11名のブルンジ人が強制失踪し、拷問を受け、数週間劣悪な環境のキバンド警察署で恣

意的に拘禁されていた。そのうち3名はタンザニアで保釈され、残りの8名はブルンジへ強制送還され、ブルンジ到着後、罪状のないままブルンジ当局に拘束された。またブルンジ人の市民社会組織は、2020年から2021年にかけて帰還したブルンジ難民がブルンジで治安維持機関、インボネラクレ、軍諜報機関などによって殺害された数件のケースを報告している（SOS-Torture 2024）。

　以上から物理的、精神的、身体的に圧力を受けることなく多様な選択肢の中から選ぶ環境はブルンジ難民へ提供されていないことは明らかである。ブルンジでは強権的な統治体制が変化し、人権状況が改善されたとは言い難い。だが2022年以降、UNHCRはブルンジ難民の帰還を奨励することを決定した（Mbazumutima 2023: 351）。2023年5月に開催された第23回「三者委員会」ではブルンジ難民の帰還をさらに奨励することに合意した（Joint Communique 2023a）。同年11月に行われた「三者委員会ワーキング・グループ」では帰還を迅速化するための「ロードマップ」が策定され、1週間毎に約2,000人の難民を帰還させることを決定した（Joint Communique 2023b）。この決定後、2024年6月、マサウニ内務大臣は2024年末までに帰還しなかったブルンジ難民に対しては、個別にインタビューを行い、難民としてタンザニアに居住することが継続できるか判断すると発表した（The Cahzo 2024）。

第3項　帰還とノン・ルフールマン原則の履行をめぐる論争

　タンザニアにおいて難民政策の柱となっているのは、1998年難民法と2003年に策定された「国家難民政策」である。ノン・ルフールマン原則に関しては、1998年難民法第28条4項において同原則に類似した規定があり、庇護申請者・難民の追放について定められている。大臣または大臣から任命された権限ある当局は、難民の地位を付与される資格を持たない、又は、国家の安全に対して危険である者、又は難民の地位を喪失した者に対して追放命令を出すことができると記されている。追放命令が出された者は、7日以内に上訴または再審を請求することができる。大臣は局長に諮問後、上訴又は再審を検討し、追放命令を追認もしくは撤回する権限を有する。その間追放命令は執行されない。裁判所が有罪判決を出した場合、庇護申請者または難民は、タンザニアへ入国した国又はその者が希望する国へ追放することができる。その執行は、収容後即

時、または刑期に服した後で行われ、該当者の身柄は追放まで拘束される。しかし、同条第4項には、大臣もしくは権限のある当局、または裁判者は、追放命令が出された者が、追放された国に到着後、政治的犯罪を理由として裁判にかけられる、もしくは処罰される、あるいは身体的攻撃を受ける可能性があると判断するならば、その者を追放してはならないと記している。また第12条の滞在許可に関する条項にも同様の規定がある。国際難民条約やOAU難民条約では、裁判、処罰、身体的攻撃以外の迫害の可能性も考慮されている。だが、タンザニアの難民法ではノン・ルフールマン原則に抵触するのは政治的犯罪のために訴追又は処罰されることと、身体的攻撃の可能性のみであり、ノン・ルフールマン原則の適用範囲が限定されている（中坂 2012: 432-433, 439-440）。

1998年難民法第34条は難民の帰還を規定しており、第1項にはタンザニアにいる庇護申請者または難民は出身国又は入国してきた国へいつでも自発的に帰還する権利があり、法律で定められた法的手続きに基づかない限り、自発的に帰還を阻止したり、制限してはいけないと記されている。しかし、自発的帰還の定義やノン・ルフールマン原則と関連する帰還の諸条件は言及されていない（Chimanda and Morris 2020: 19-20）。

タンザニアではノン・ルフールマン原則が難民法の中に盛り込まれ、自発的帰還が明言されていることから、形式的にはノン・ルフールマン原則は内面化されているといえる。また現時点（2024年8月）で政府はノン・ルフールマン原則自体を否定したり、それに代わる新たな規範は生じていない。これまで実施してきた難民の帰還がノン・ルフールマン原則に反すると非難された際、タンザニア政府は安全保障問題、ブルンジにおける平和の回復、難民の受け入れに伴う負担の増加と国際援助の減少を掲げ、みずからの帰還政策を正当化してきた。タンザニア政府が強調していたのは安全保障問題である。主要な問題としては、①難民や反政府武装組織の存在が近隣諸国からの越境攻撃の要因となったり、②難民キャンプ内やその隣接の地域の治安が悪化したり、③難民間または難民と受け入れ地域住民との対立や衝突が生じていることなどがある。とりわけ政府が懸念していたのは①である。1970年代、ブルンジ政府は反政府活動を行うブルンジ難民や武装組織をタンザニア政府が支援していると糾弾し、越境攻撃を行ったことがある。1996年にルワンダ政府から軍事攻撃の可

能性を示唆されると、タンザニア政府は1996年末にルワンダ難民を強制送還することを即断した（Whitaker 2003）。1995年3月にブルンジとの国境を封鎖したのもフツ系の難民の移動とともに反政府武装組織がタンザニアへ移動していると非難されたことに起因している（Milner 2009: 128-130）。OAU難民条約第2章第2項には難民の受け入れはあくまでも平和で人道的行為であり、非友好的行為とみなしてはいけないと記載されているが、ブルンジ難民の受け入れはタンザニアとブルンジのあいだで政治問題化し、二国間関係が緊張する原因になっていた。

　タンザニアでノン・ルフールマン原則に反する帰還が続く要因は主に二つある。第一は、国内で履行実効性を確保する法制度が整備されておらず、政府の政策に変更を促すアクターが不在なことである。1998年難民法とともに、タンザニアはノン・ルフールマン原則を規定する国際諸条約やOAU難民条約に加入しているが、これらには法的拘束力がない。タンザニアはいわゆる「選挙権威主義的体制」であり、とくにマグフリ政権時代（2015～2021）には強権的な統治手法が強化された。また与野党を問わず、タンザニアの有力な政治家は難民の帰還を掲げ、民衆から一定の支持を得てきた。ある調査によると、タンザニア市民は難民を安全保障上の脅威とみなしていないが、難民キャンプの閉鎖や難民の帰還に賛成しており、難民の社会統合や市民権の付与に反対している（IRC 2018）。難民に参政権は与えられておらず、政治活動は禁止されているため、当事者である難民の要望を政策に反映させる機会はほぼ皆無である。難民のニーズや権利を代弁しうるNGOや市民団体も存在するが、その数は少なく、これらの団体はNGO法等で管理されており、政府の意向に反する活動を行うことは難しい。第二に、グローバルまたは地域レベルでノン・ルフールマン原則や自発的帰還の実効性を確保できるアクターが存在していない。UNHCRはブルンジの治安を懸念し一定の配慮を示しているが、ルフールマンの可能性がある非自発的な帰還を阻止したことはなかった。AIやHRW等の国際NGOは度々ブルンジ難民の帰還を憂慮する声明や報告書を提出し、改善を求めてきた。また深刻な難民に対する人権侵害や強制送還に対しては、国連やAU（アフリカ連合）の専門機関もタンザニアやブルンジに規範の遵守を要請した。たとえば、2020年にブルンジ難民の強制失踪や強制送還、帰還した

ブルンジ難民の処刑が明るみになると、アフリカ人権委員会の「難民・庇護申請者・国内避難民・移民・特別報告者」（ACHPR 2020）や、国連人権高等弁務官事務所の特別報告者達はブルンジ難民の人権侵害の停止やノン・ルフールマン原則の遵守を求めたが（OHCHR 2021）、どの程度難民の保護に有効であったかは定かでない。

　地域レベルで規範の履行を確保しうる制度としてはAU総会（首脳会議）での制裁決議がある。アフリカ人権憲章に違反する深刻な人権侵害や戦争犯罪が発生した場合、総会（首脳会議）へ報告され、総会によって設立された調査委員会は現状を報告し、報告に基づき総会で加盟国に対して制裁決議を採択することが可能である。しかしこの制度の運用は加盟国の政治的判断に委ねられており、これまでにタンザニアや同様のケースへ適用されたことはない。2004年に発足したアフリカ人権裁判所の判決は法的拘束力を有しているが、難民保護に果たす役割は限定的であると考えられている（Sharpe 2018: 215）。タンザニアはアフリカ人権裁判所議定書を批准し、第34条6項に記されている個人または特定の団体の提訴を認める受諾宣言を行ったが、2019年11月に撤回する通告書に署名し、翌年発効した（Anami 2021）。

　タンザニアに対して一定の政治的影響力を有するドナー諸国がタンザニア政府にノン・ルフールマン原則の遵守を求める可能性は低い。それは、第一に多くのドナー諸国が同原則に反する政策をしばしば実施しているからである。第二に、大量の庇護希望者や「移民」が移動する状況に危機感を抱くEUやEU加盟国は、域外諸国と協定を結び「移民」や不認定となった庇護申請者を出身国へ帰還させる政策を推進している（Kuschminder *et al.* 2024）。2023年4月、欧州委員会（EC 2023）はブルンジ難民の帰還と再統合のために、タンザニアを含むブルンジ近隣諸国へ900万ユーロを支援することを発表している。

おわりに

　タンザニアは世界有数の難民受け入れ国であり、過去にはその功績が高く評価され、初代大統領のニエレレはUNHCRからナンセン・メダルを授与された。しかし、1990年代以降、難民政策は大きく転換し、様々な国際規範に反する難

民政策が実施されてきた。その最たる事象がノン・ルフールマン原則に反する難民の帰還である。タンザニアではノン・ルフールマン原則が法制度化されているが、ブルンジ難民の帰還において同原則は遵守されていない。タンザニア政府は同原則の不履行を安全保障、受け入れに伴う負担、難民出身国の平和と安全などを理由として、自国の帰還政策を正当化してきた。また、タンザニアでブルンジ難民の帰還が難民の自発的な意思に基づく選択であるという体裁を整えるために、AVRP を行う際、難民に対する意思確認や情報提供などのプロセスが導入されている。そのことは、政府や難民の帰還に関与する諸アクターのあいだで自発的帰還という原則が認知され、少なくとも形式的には内面化されていることを示している。タンザニア政府はノン・ルフールマン原則自体を否定しておらず、同原則が記載されている様々な国際条約から離脱することも表明していない。したがって、タンザニアではノン・ルフールマン原則の解釈や適用をめぐる対抗は見られるが、公的には「妥当性をめぐる対抗」は生じていない。

　前述のように、ヴァイナーらは「適用をめぐる対抗」の場合、必ずしも規範の弱体化を招かないと論じている。しかし、タンザニアの事例は「妥当性をめぐる対抗」が起きていない場合でも、規範の存在意義を弱体化する可能性があることを示唆している。タンザニアではノン・ルフールマン原則の履行を政府に促すアクターの政治的影響力は弱く、同原則の不履行に対する処罰や制裁がないことから、(とくにブルンジ難民に対する) ノン・ルフールマン原則に反する帰還が常態化している。このことを物語る一例が自発的帰還という前提が排除されて、タンザニアとブルンジが 2019 年に締結した「密約」である。このような状況はタンザニア以外の国にも共通する問題である。ノン・ルフールマン原則に反する帰還が慣例化され、不履行や逸脱行為が許容されるならば、いずれ同原則は衰退・消滅し、国際難民レジーム自体が「終わり」へ向かうかもしれない。

　＊本章は、日本学術振興会科学研究費基盤 (B) 課題番号 24K03172 および慶應義塾大学特別研究費 (大学特別研究期間適用による特別研究費) による研究成果の一部である。

❖ 参考文献 ❖

足立研幾（2015）『国際政治と規範——国際社会の発展と兵器使用をめぐる規範変容』有信堂．
阿部悠貴（2020）「国際関係論における規範研究の進展——規範の受容、論争、消滅をめぐる議論を中心に」『熊本法学』(150)．
小川裕子（2017）「内面化という虚構——国際規範の法制度化と実効性」西谷真規子編著『国際規範はどう実現されるか——複合化するグローバルガバナンスの動態』ミネルヴァ書房．
服部崇（2021）『気候変動規範と国際エネルギーレジーム——国際エネルギー機関の役割とアジアのエネルギー政策の変遷』文眞堂．
中坂恵美子(2012)「タンザニアにおける難民受け入れと負担の分担——歴史、法、EU」『法政論集』第 245 号：409-471．
宮脇昇（2003）『CSCE 人権レジームの研究——「ヘルシンキ宣言」は冷戦を終わらせた』国際書院．
山本吉宣（2008）『国際レジームとガバナンス』有斐閣．
Adelman H., and E. Barkan (2011) *No Return, No Refugee: Rites and Rights in Minority Repatriation*, New York: Columbia University Press.
Africa Commission on Human and People's Rights（ACHPR）(2020), "Press Release on the Forced Evictions of Burundian Refugees by Tanzania Authorities," December 16, https: //achpr.au.int/en/news/press-releases/2020-12-16/press-release-forced-evictions-burundian-refugees-tanzanian-authori（最終閲覧日：2024 年 7 月 30 日）．
Amnesty International (AI) (2005) "Refugee Rights at Risk: Human Rights Abuses in Returns and From Burundi," AI Index: AFR16/006/2005, 27 June.
Amnesty International (AI) (2019a), "Tanzania: Maintain Protection Space for Burundian Refugees," AI Index; AFR56/1007/2019, 5 September.
Amnesty International (AI) (2019b), "Tanzania: Confidential Document Show Forced Repatriation of Refugees Imminent," September 6.
Anami, L. (2021) "Tanzania in the Spotlight for 'Withdrawal' from Arusha-Based Human Rights Court," The East African, November 6, https: //www.theeastafrican.co.ke/tea/news/east-africa/tanzania-withdrawal-from-arusha-based-human-rights-court-3609834 （最終閲覧日：2024 年 6 月 25 日）．

Betts, A. and P. Collier (2017) *Refuge: The Transforming a Broken Refugee System*, London: Allen Lane UK.〔ベッツ，アレキサンダー，ポール・コリアー（2023）『難民――行き詰まる国際難民制度を超えて』滝澤三郎監修，明石書店〕

Boeyink, C. (2019) "A "Worthy" Refugee: Cash as a Diagnostic of "Xeno-Racism" and "Bio-Legitimacy,""*Refuge*, 35(1).

Boeyink, C. and J.B. Falisse(2021) "Kicking Refugees Out Makes Everyone Less Safe," Foreign Policy, Feb 18, https://foreignpolicy.com/2021/02/18/tanzania-burundi-kicking-refugees-out-makes-everyone-less-safe/（最終閲覧日：2024 年 5 月 20 日）.

Boeyink, C. and S. Schwartz_ (2023) "Tanzania's Threat to Expel Burundians Sets a Dangerous Precedent," Foreign Policy, Nov 15, https://foreignpolicy.com/2023/11/15/tanzania-burundi-refugees-forced-repatriation/（最終閲覧日：2024 年 5 月 21 日）.

Centre for the Study of Forced Migration and International Refugee Rights Initiative (CSFM and IRRI) (2009) ""I don't Know Where to Go": Burundian Refugees in Tanzania under Pressure to Leave," September, https://reliefweb.int/report/burundi/i-dont-know-where-go-burundian-refugees-tanzania-under-pressure-leave（最終閲覧日：2024 年 7 月 3 日）.

Chimanda, Leonard, and Stéfanie Morris (2020) "Tanzania's National Legal Framework for Refugees: Law, Policy and Practice," *LERRN Paper* 5, March.

Chimni, B. (1993) "The Meaning of Words and the Role of UNHCR in Voluntary Repatriation," International *Journal of Refugee Law* (5): 442-60.

Court of Justice of the European Union (CJEU) (2010) Bundesrepublik Deutschland v. B and D, Joined cases C-57/09 and C-101/09, ECLI: EU: C: 2010: 661.

Crisp, J. (2019) "Repatriation Principles under Pressure." *Forced Migration Review* (62): 19-23.

Deitelhoff, N.and Zimmermann, L. (2020) "Things We Lost in the Fire: How Different Types of Contestation Affect the Robustness of International Norms." *International Studies Review* 22 (1): 51- 57.

European Commission (EC) (2023) "Burundi: EU Allocates €9 Mission to Refugee Crisis," 3 April, https://ec.europa.eu/commission/presscorner/detail/en/ip_23_2075 （最終閲覧日：2024 年 7 月 2 日）.

Fellesson, Måns (2019) "From Roll-Out to Reverse: Understanding Tanzania's Withdrawal from the Comprehensive Refugee Response Framework (CRRF),"

Journal of Refugee Studies, 34(3): 2769-2719.

Finnemore, M. and Sikkink. K. (1998) "Norms and International Relations Theory." *International Organization* 50(2): 887-917.

Ferris, E.G. and Donato, K.M. (2020) *Refugees, Migration and Global Governance: Negotiating the Global Compact*, Oxford: Routledge.

Gerver, M. (2018) *The Ethics and Practice of Refugee Repatriation*, Edinburgh: Edinburgh University Press.

Hathaway, J.C. (1997) "The Meaning of Repatriation," *International Journal of Refugee Law*, 9(4): 551-558.

Hathaway, J.C. (2005) *The Rights of Refugee under International Law*, Cambridge: Cambridge University Press.

Hovil, Lucy and Thodre,Mbazumutima (2012) "Tanzania's Mtabila Camp Finally Closed," *Pamzuka News*, December 13, https://www.pambazuka.org/governance/tanzania%E2%80%99s-mtabila-camp-finally-closed

Human Rights Watch(HRW) (2019) "Tanzania: Burundians Pressured into Leaving," December 12, https://www.hrw.org/news/2019/12/12/tanzania-burundians-pressured-leaving （最終閲覧日：2024 年 7 月 5 日）.

Human Rights Watch(HRW)(2020) "Tanzania: Burundian Refugees 'Disappeared', Tortured," November 30, https://www.hrw.org/news/2020/11/30/tanzania-burundian-refugees-disappeared-tortured（最終閲覧日：2024 年 7 月 5 日）.

International Crisis Group (ICG) (1999) "Burundian Refugees in Tanzania: Key Factor to the Burundi Peace Process," *ICG Central Africa Report* 12, 30 November.

International Rescue Committee (IRC) (2018) "Tanzania's Citizens' Perceptions on Refugees," 19 June https://www.rescue.org/sites/default/files/document/2857/irckenya.pdf （最終閲覧日：2024 年 7 月 14 日）.

Joint Communique (2023a) 23rd Meeting of the Tripartite Commission for Voluntary Repatriation of Burundian Refugees Living in Tanzania, 12 May https://www.unhcr.org/africa/sites/afr/files/2023-05/joint_communique_tripartite_gitega_burundi_12_may_2023.pdf （最終閲覧日：2024 年 5 月 17 日）.

Joint Communique(2023b) 24th Meeting of the Tripartite Commission for Voluntary Repatriation of Burundian Refugees Living in Tanzania, 30 November, https://thechanzo.com/wp-content/uploads/2024/06/joint_communique_of_the_24th_tripartite_commission_final-1.pdf （最終閲覧日：2024 年 5 月 17 日）.

Kamanga, K. (2005) "The (Tanzania) Refugee Act of 1998: Some Legal and Policy Implications," *Journal of Refugee Studies,* 18(1): 100-116.

Keating, V. C. (2014) "Contesting the International Legitimacy of Torture: The Bush Administration's Failure to Legitimate its Preferences within International Society," *British Journal of Politics and International Relations,* 16(1): 1-27.

Krasner, S.D. (1982) "Structural Causes and Regime Consequences: Regime Consequences: Regime as Intervening Variables," International Organization 36(2): 185-205.

Kuch, Amelia (2016) "Naturalization of Burundian Refugees in Tanzania: The Debates on Local Integration and the Meaning of Citizenship Revisited," *Journal of Refugee Studies,* 30(3): 468-487.

Kuschminder, K. *et al,* (2024) "Migration Interrupted: Can Stranded Migrants from Ethiopia, Somalia, and Sudan Rebuild Their Lives Upon Return," MPI, July 17.

Long, K. (2013) *The Point of No Return: Refugees, Rights and Repatriation,* Oxford: Oxford University Press.

Mbazumutima, T. (2023) "Staying in Tanzania or Returning to Burundi is All the Same": Re-Imaging the Reintegration of Burundian Returnees," *Refugee Survey Quarterly,* 42(3).

McKeown, R. (2009) "Norm Regress: US Revisionism and the Slow Death of the Torture Norm," *International Relations,* 23(1): 5-25.

Milner, J. (2009) *Refugees, The State and The Politics of Asylum in Africa,* Hampshire: Palgrave Macmillan.

Milner, J.(2014) "Can Global Refugee Policy Leverage Durable Solutions? Lessons from Tanzania's Naturalization of Burundian Refugees," *Journal of Refugee Studies,* 27(14): 553-573.

OHCHR (2021) "UN Experts Deplores Rights Violations Against Burundian Refugees," 13 April, https://www.ohchr.org/en/press-releases/2021/04/un-experts-deplore-rights-violations-against-burundi-refugees（最終閲覧日：2024年8月2日）.

Panke, D. and U. Petersohn (2011) "Why International Norms Disappear Sometimes," *European Journal of International Relations, 18*(4): 719-742.

Sharpe, M. (2018) *The Regional Law of Refugee Protection in Africa,* Oxford University Press.

Siddiqui, Y. (2011) "Reviewing the Application of the Cessation Clause of the 1951 Convention Relating to the Status of Refugee in Africa, " *Working Paper Series*

(76), Refugee Studies Centre, University of Oxford.

SOS-Torture Burundi (2024)"Burundi: Urgent: Stop to Forced Repatriation to Burundian Refugees From Tanzania," May 28, https: //sostortureburundi.org/wp-content/uploads/2024/05/URGENT-Stop-to-forced-repatriation-of-Burundian-refugees-from-Tanzania.pdf（最終閲覧日：2024年8月15日）.

The Cahzo (2024) "Tanzania to Interview Burundian Refugees in 2025 to Determine Validity of Stay," June 7, https://thechanzo.com/2024/06/07/tanzania-to-interview-burundian-refugees-in-2025-to-determine-validity-of-stay/（最終閲覧：2024年7月4日）.

UN (2016) New York Declaration for Refugees and Migrants, UNdoc.A/Res/71/1 (3 Oct).

UN (2018) Global Compact on Refugees. UNdoc.A/73/12 (17 December).

UNHCR (1996) *Handbook on Voluntary Repatriation: International Protection.*

UNHCR (2003) Guideline on International Protection: Application of the Exclusion Clauses: Article 1F of the 1951 Convention to the Status of Refugees

UNHCR (2004) ExCom Conclusion No.101.

UNHCR (2019) "Tanzania County Refugee Response Plan: The Integrated Response Plan for Refugees from Burundi and the Democratic Republic of Congo, January 2019-December 2020, March, https: //data.unhcr.org/en/documents/details/68448（最終閲覧日：2024年7月14日）.

USCRI (1997) "Tanzania's Expulsion of Burundian Refugees Should Cease," 15 Jan, https://reliefweb.int/report/united-republic-tanzania/tanzanias-expulsion-burundian-refugees-should-cease（最終閲覧日：2024年8月3日）.

Van Laer, T. (2018) ""There is Pressure on Us": Burundian Refugees in Tanzania Pushed Return," African Arguments, August 21, https://africanarguments.org/2018/08/pressure-burundi-refugees-tanzania-pushed-return/（最終閲覧日：2024年7月7日）.

Vaney, C. R. (2007) *Forced Migrations in Eastern Africa: Democratization, Structural Adjustment, and Refugees,* New York: Palgrave Macmillan.

Weiner, A. (2007) "The Dual Quality of Norms and Governance beyond the State: Sociological and Normative Approaches to 'Interaction'," *Critical Review of International Social and Political Philosophy* 10(1): 47-69.

Whitaker, B.E. (2003) "Refugees and the Spread of Conflict: Contrasting Cases in Central

Africa,", *Journal of Asia and African Studies* 38(2-3): 211-231.

Yonekawa, M. (2020) *Post-Genocide Rwandan Refugees: Why They Refuse to Return 'Home': Myths and Realities,* Springer.

第5章
「解決策」から
難民レジームを再考する
――「移動による解決策」の先に

柄谷 利恵子（関西大学）

'The international refugee regime was designed not just to protect refugees, but to solve refugee crisis.' (Long 2016: 475)

はじめに――「難民レジーム」なるものとは

　私たちが国際難民レジーム（以下、難民レジーム）と呼ぶものが、UNHCRおよび難民条約（1951年難民の地位に関する条約と1967年難民の地位に関する議定書）を中心に形成されてから、すでに70年以上が経つ[1]。難民の保護はもちろんだが、難民レジームの設計者たちは「難民危機の『解決』も企図」（Long 2016: 475）していた。にもかかわらず、紛争や迫害により故郷を追われるヒトは増え続けている。UNHCRによれば、その数は2023年末時点で1億2,000万人近くにまで増加した（UNHCR 2023: 4）。

　本章では、解決策に注目することで、難民レジームがどのように変遷し、どこに向かおうとしているのかを考察する。近年、難民を保護の対象として客体化するのではなく、難民レジームにおける難民個人の視点や難民の主体性に着目する研究が増えている（たとえば、Pincock et al. 2022）。この観点からみれば、解決策は難民になにをもたらすのか。難民危機の解決を通じて、難民は再びみ

---

[1] 本章ではレジームを「特定の問題領域においてアクターの期待が収斂するような明示的あるいは暗黙の原理、規範、ルールおよび意志決定手続きの総体」（Krasner 1983: 1）と定義する。

ずからの生活機会や社会関係において潜在的な能力を発揮しうる存在（本書における「当事者」[2]）になりえるのだろうか。

難民条約によれば、「難民」[3]とは迫害およびその恐れから逃れるために国境を越えて避難する人々であり、国籍国の保護を受けることができない（もしくは恐怖を有するために望まない）人々である。現在の難民レジームにおいては、条約によって定義される「難民」だけでなく、紛争や蔓延する暴力による避難民、庇護申請者、帰還民、無国籍者やその他の国際的保護を必要とする人々のように、様々な事情によって強制的に移動せざるをえない広義の難民までその射程に含まれている。結果として、UNHCRが提示する解決策にも変化が生じている。

難民レジームにおいて、UNHCRは三つの恒久的解決策（durable solutions）[4]——帰還、庇護国定住、第三国定住——を掲げてきた。ただしこの三つの解決策が絶えず同等に扱われてきたわけではない。従来、第三国定住——「難民が最初に保護を求めた国から難民として定住資格を付与される第三国へ移るに当たっての人選と、実際の移動」（UNHCR 2011: 9）——は、帰還と庇護国定住が行き詰まり、「他に解決策がない場合」に使われる手段だった（UNHCR 1996: para 5）。しかし冷戦終結を経て、「負担と責任分担の理念（the principles of burden- and responsibility-sharing）」を実現する手段として、近年その重要性が注目されている。この理念の実現については、2018年に国連総会で採択されたGCRでも再確認された（GCR para 5）。GCRの序論の第一段落に「負担と責任の分担」は明記されており、その考え方はGCR内を通じて強調されている（GCR 2018: para A.1）。しかし「負担と責任」の内容が明確に定義されたわけでもなければ、「分担」の具体的なメカニズムが確立されたわけでもない

▶2 本章では「当事者性」を「主体的に判断、選択し、行動できる自己決定能力」（序章、12頁）と定義する。難民の当事者性に関する詳細な議論については第1章第3節に詳しい。

▶3 本章においては、条約難民に限定する場合は「難民」、それ以外の強制移動民も含めたUNHCRの支援対象者を指す場合は難民と表記する。

▶4 三つの恒久的解決策は、実際には難民条約にもUNHCR事務所規程にも明記されていない（Kraler *et al.* 2020: 4-11）。日本語の訳語も統一しているわけではない。また後述のとおり、第三国定住プログラムの中身は実施国によって大きく異なる。

（Micinski 2021）。にもかかわらず GCR では、第三国定住に加えて、「第三国による補完的受け入れ（complementary pathways、以下、補完的受け入れ）」までも解決策の一つとして提案されている（GCR paras 94-96）。第三国定住とは異なり、補完的受け入れは必ずしも「難民」としての移動ではない。就労や就学や家族呼び寄せを目的としており、短期間の移動・滞在となる可能性がある。にもかかわらず、これは「第四の解決策」（Goodwin-Gill and McAdam 2021: 561）と呼ばれることもある。

第三国定住と補完的受け入れは、難民レジームの設立過程で一度は議論されたが、その後すぐに断念された「移動による解決策」の一種である（Karatani 2005）。それが再び、「移動」を通じた「負担と責任の分担」の実現方法として期待されるようになった。このような解決策をめぐる変化は、一部の難民には新たな可能性をもたらすが、すべての難民の要請に応えるものではない。それにもかかわらず UNHCR 自身の積極的な促進の下で、「移動による解決策」としての補完的受け入れが、難民レジーム参加国のあいだで活用され始めている。

本章の構成は以下のとおりである。第1節では、難民レジームにおける解決と保護に関する議論を概観する。第2節では、恒久的解決策の変遷を述べる。第3節では、三つの恒久的解決策の一つである第三国定住を取りあげ、その特徴と運用を説明する。加えて、「負担と責任の分担」の方法としての第三国定住および補完的受け入れが抱える問題点を指摘する。最後にまとめとして、解決策からみる「実際に存在する（really existing）難民レジーム」の様相を明らかにする。

なお本章では、難民レジームたらしめている目的と、難民レジームの解決策を通じた当事者性の二点について以下のように扱う。第一に、難民レジームはレジームの構成国や UNHCR の意思を無視して存在することはできない。そのため、難民レジームの解決策の実態に関して、「難民を保護することを通じて国民国家システムが保護されている」（山岡 2017: 59）と指摘する識者がいる。この指摘には合意するが、それと同時に難民レジームの下で難民の尊厳のある生活の実現が目指されてきたのも確かである。また各国政府が完全に国益のみ

▶5　本章では UNHCR 駐日事務所訳に従うが、語句の混同を避ける目的で「難民以外の立場での受け入れ」という呼称を推奨する研究もある（橋本 2024: 93）。

に基づいて難民レジームに関わってきたともいえない。方法や射程についての論争はあるが、難民の保護が難民レジームを「難民レジーム」たらしめる究極の目的であることには変わりはない。第二に、現実社会において私たちは、いつでもどのような場面でも自律および自立した存在でいられるわけではない。難民であればなおさらである。そこで本章では、保護の対象としての難民が当事者性を取り戻すこと、つまり、みずからの生活機会や社会関係において潜在的な能力を発揮しうる存在へと回復することに、今ある難民レジームの解決策が寄与するかどうかに注目する。また、難民レジームの設立から今日に至るまで、レジームの展開における先導役を務めているのがUNHCRである。そこで本章では、UNHCRが公刊する報告書や決議などに示された発議や提言をもとに議論を進める。

第1節　解決策から難民レジームをみるとは

第1項　難民レジームとUNHCR

難民レジーム設立の目的は「難民の国際的保護」であった。それに加えて、1950年の総会決議（428（V））に基づくUNHCR事務所規程第1章は「難民問題の恒久的解決」を図る任務を高等弁務官に課した。先行研究の中には難民レジームの危機や限界を主張する論考がある。その一方で、難民レジームへの参加主体や対象者の多様化や、他のレジームとの連携や役割分担を通じた複合化といった難民レジームの展開を評価する識者も多い[6]。レジームが発展する過程で、その目的である保護および解決の意味や実現手段が変わってきている。結果として、難民レジームという呼び名は同じでも、現在のレジームは70余年前に成立したものとは別のものになっているのかもしれない。

そもそも、現在私たちが難民レジームとよぶものの起源は、第二次世界大

▶6　近年の難民レジーム研究の関心は、難民受け入れの限界やレジームの行き詰まりからの脱却およびそのための新しい難民政策の必要性に向けられている（たとえば、Betts and Collier 2017=2023）。その流れを受けて、難民の自立や難民企業家に関する議論も増えている（たとえば、Heilbrunn *et al.* 2019）。

戦中に連合国政府が問題視していた、西欧における「余剰労働者問題」にある（詳しくは、Karatani 2005）。西欧から他地域への移住者の減少、戦場から帰還する者の増加、戦争による各国経済の疲弊によって、戦後は大量の「余剰人口」が生じることが危惧されていた。当時、難民の国際的定義が確立していなかったため、余剰人口の中には現在でいう「難民」と余剰労働者が混在していた。つまり、解決すべき問題の対象は「難民」ではなかったし、問題の中身は「難民」の国際的保護でもなかった。当時、第三国への移送による余剰人口の解消が解決の選択肢としてあがっており、そのための制度や担当機関の構築を求める意見もあった。しかし最終的には難民条約の設立およびUNHCRの設置が選択された。

　UNHCR事務所規程によれば、UNHCRの主要任務（難民の国際的保護の確保と難民問題の恒久的解決）を果たすためには、「難民の自発的帰還又は新しい受入国の社会への同化を促進」する必要があり、その方法として「各国政府及び関係国政府の認可を条件として、民間団体を援助すること」が明記されている（第1章1項）。また難民条約の前文では、難民の保護が「特定の国にとって不当に重い負担になる」ことが危惧されており、満足すべき解決は「国際協力なしには得ることができない」とある。

　UNHCR事務所規定や条約から明らかなように、UNHCRの活動はあくまで各国政府の支持および協力の上に成立しており、具体的な政策を決定し実施するのは各国政府である。にもかかわらず、UNHCRが難民レジームの展開について指導的役目を果たしてきたのは疑いない。三つの恒久的解決策の運用基準や優先順位についても、UNHCRが提言および促進活動を続けてきた。実際、GCR策定過程においても、難民レジームに関わる多くのアクターの中で、UNHCRの先導者としての立場は変わっていない（Micinski 2021）。

第2項　解決と保護

　難民条約には、難民資格を認定した国が付与し、「難民」が享有する権利が列挙されている。一方で、今日、私たちが難民の保護として想定する緊急支援や人道的救助について、難民条約は具体的に定めていないし記載もしていない。今日まで、難民の保護（protection）の指し示す意味は曖昧なまま拡大しており、

生活の基本的ニーズの充足を目指す支援（assistance）を含めて、難民に関わるありとあらゆる政策が、難民の保護として扱われる傾向がみられる（Puggioni 2016: 1）。保護と支援の混同の結果、政策立案において二つが同一視されたり、保護と解決の意味や政策実施の順序（同時並行や段階的な実施）に関する論争が生じたりもしている[7]。

　先行研究は、保護と解決の関係について、国家には恒久的解決策を受け入れる国際法上および条約上の義務はないが、UNHCRが保護を付与する能力は解決策の推進と密接に関わっていると指摘する（Goodwin-Gill and McAdam 2021: 545-546）。UNHCRが危惧するように、解決策の不在もしくは失敗は政治的な不安定化をもたらし、さらなる人口の流動化および大量流出（つまり流入）を生み出す（UNHCR 1989: para b）。そういう意味では解決策のない保護は不十分である。

　具体的な解決策ではないが、難民の国際的保護の中核には、迫害のおそれがある国家への送還を禁じるというノン・ルフールマン原則がすえられてきた。この原則に従い難民条約第33条は、難民を「その生命又は自由が恐怖にさらされるおそれがある領域の国境へ追放し又は送還してはならない」と規定している。私たちはどのような理由であれ、みずからの生命または自由が恐怖にさらされる国で生活を続けることを望まない。難民と認定されたのであれば、なおさらそのような国に強制的に戻らされることなく、今いる国に留まり続ける確約が欲しいだろう。ただしこのように、定住（permanent settlement）につながるのが保護というのであれば、どこかの国が最終的には定住を認めることこそが解決となる。このような解決の理解では、難民は国家の判断を待つ単なる保護の受給者とみなされる。三つの恒久的解決策は、まさにこのような保護と解決の理解に基づいており、GCRもこのような解釈を踏襲している（Micinski 2021: 5）。

　一方で、上記のような保護と解決の関係を見直そうとする研究も増えている。これらは、従来の保護のやり方やそれを通じた解決を、定住主義に基づく

▶7　先行研究によれば、少なくともUNHCR自身は、「国際的保護」（安全のための権利の提供）と「支援」（緊急時の生存に必要な人道支援を受ける権利の提供）のつながりを認識しつつ、両者を明確に区別していた（Hammerstad 2014: 73-74）。

「国民型解決策（the solution-as-membership conception）」（Aleinikoff and Zamore 2019: 78n43）と評する[8]。どこかの国の成員（国民）になることが解決ならば、国民としての成員資格（国籍）を獲得するまでの期間は「半・成員」もしくは「未・成員」として扱われることになる。成員までの「途中段階」の長さや成員への条件は各国の政策によって異なる。近年、この期間は長期化する傾向にあり、解決までの不安定な状況が恒常化しつつある（Fortier 2021）。そもそも、帰還や第三国定住の選択肢のないまま、庇護国に五年以上滞在する「長期化する難民状況（protracted refugee situations、以下、長期滞留難民状況）」に陥る者が急増し、それが今日の「負担と責任の分担」の緊急性を高めている。結果として、GCRでは国民型解決策の保護の方法（つまり、三つの恒久的解決策）に加えて、「移動」を通じた「第四の解決策」としての補完的受け入れが提案されるに至った。

第2節　恒久的解決策を考える

第1項　三つの恒久的解決策とは

　三つの恒久的解決策は、難民レジームにどのように組み込まれていったのか。先述のとおり、レジーム成立当初は、「自発的帰還の促進または新しい共同体での同化」が解決策だった。最初から、帰還、庇護国定住、第三国定住という三つの恒久的解決策が解決策と決まっていたわけではなかった。また、三つの恒久的解決策には確定した定義すら存在しないという指摘もある（Ineli-Ciger 2022: 37）。実際には、当初述べられていた「同化」が、後に第三国定住と庇護国定住へと再解釈される事になる。その上で、1953年の総会決議を通じて、国連の加盟国および非加盟国政府に対して、UHNCRとの協力を通じた三つの恒久的解決策の促進が要請された（728 (III), para 2）。ただし、恒久的解決

---

[8] マルキ（Malkki）は「人々と文化を国民の土壌へ、諸国家からなる家族を母なる大地へと埋め込もうとする思考形式」を「定住主義的形而上学（sedentarist metaphysics）」と呼ぶ（Malkki 1992: 31）。この考えに対抗する考え方を、村橋は「遊動主義的形而上学」と名づけている（村橋 2021: 12-17）。遊動主義的な世界では、移動は権力への抵抗や自由を獲得する手段であり、定住は停滞と理解される。

策が当然のように受け入れられてきたわけではない (Long 2016: 475-479)。また 1953 年総会決議では、三つの解決策は単純に並記されているだけだったが、その後はそれぞれの解決策の重みや優先順位が変化していくことになる (Chimni 2004: 55)。

　法律および規範的根拠から比較すると、三つの解決策には違いがある。難民が「自主的」に本国に帰還し再統合を図る帰還であれ、最初の受け入れ国で定住する庇護国定住であれ、また別の国に移動して再定住を図る第三国定住であれ、恒久的解決策の目的はどれも、出身国もしくはそれ以外のどこかの国での統合であり定住である (Micinski 2021: 5; Stein 1986: 265)。ただし難民法の専門家によれば、一般国際法においても条約においても、恒久的解決策を受け入れなければならないという絶対的な義務をいかなる国家も負っていない (Goodwin-Gill and McAdam 2021: 545)。また、庇護国定住や第三国定住の促進は、国民が自国へ戻る条件を整える責任から国家が逃れ、国外追放や亡命の制度化につながりかねないという懸念が指摘されてきた。確かに、帰還についての規程は難民条約にはない。しかし、他国への移動を余儀なくされた者は、世界人権宣言第 13 条で明記されている「自国に戻る権利」を侵害されている。したがって帰還とは、侵害されていた基本的人権の回復を意味する。その点から、三つの恒久的解決策の中では帰還が最も望ましいという見解を、UNHCR 執行委員会は述べていた (UNHCR 2005)。それに対して、庇護国定住については識者のあいだで意見が分かれている。たとえ難民条約締約国であっても国家は解決策への義務を負っていないという主張 (Goodwin-Gill and McAdam 2021: 546-548) がある一方で、庇護国定住は国際規範に値するとの見方 (Hashimoto 2018: 164-165) もある。後者の見方によれば、ノン・ルフールマン原則はいまや慣習法とみなされている上に、難民の権利は条約内に列挙されている。加えて、国連人権規約や人種差別撤廃条約といった主要な人権関連の条約においても難民は保護される（はずである）。結果として、難民条約締約国はもちろんのこと、そうでない国においても難民をむげに追い払うことは出来ない。とはいえ現実には、ノン・ルフールマン原則に基づき庇護国に留まることが必ずしも解決になっていないことは、長期滞留難民の増加から明白である。

　以上のように、帰還と庇護国定住には、条約上の義務とまではいえないが、

なんらかの規範もしくは拠り所を見出せる。それに対し第三国定住は、受け入れ側が完全に裁量権を有する政策上の選択肢（discretionary policy option）に過ぎないという指摘がある（Hashimoto 2018: 165）。というのも、難民条約の前文に国際協力が明記されているが、そのための具体的なメカニズムがないまま今日に至っている。したがって解釈上は必ずしも難民を受け入れなくても、条約上の国際協力は可能となる。確かに、第三国定住の拡充自体が望ましいのは確かである。しかし現状では、第三国定住とは、受け入れ国政府が受け入れたいときに受け入れたい難民を受け入れたい数だけ選択する、「いいとこどり（cherry-picking）」政策になっていると批判する識者もいる（de Boer and Zieck 2020）。

第2項　解決策の変遷

　以上述べてきたように、恒久的解決策の歴史を振り返ると、難民レジーム設立当初には具体的な解決策が準備されていたわけではないし、そのような解決策を実行することも期待されていなかった。そもそもUNHCRは保護の提供者ではなく、保護の推進や先導の役目を担わされていた。それが1980年に「恒久的解決策のための基金」（A／35／12／Add.1）が設置され、これを機会に保護と解決策の結びつきが明確になっていく。やがて1980年代半ばには、三つの恒久的解決策が、「用語」としても「解決策」としても広く認知されるようになっていった（Stein 1986）。以下、1980年代後半から現在までの時期を二つに分けて、保護と解決策の関係の変遷を辿る。

(a) 1980年代後半～──「国際的保護と恒久的解決策は密接に繋がっている」（UNHCR 1988 ExCom. Conclusion no. 50）

　1980年代後半は難民レジームにとっての転換期だった。この頃にはすでに、難民レジームが対応すべき難民状況の中心はヨーロッパ域外に移行していた。また1980年代後半はUNHCRが予算危機に陥っていた時期でもある（柄谷 2008）。というのも、難民申請者の多くが、いわゆる東側出身者から途上国出身者に変わったことにより、米国を含めた西側先進国政府が難民レジームに向ける関心が低下していた。これらの国々がUNHCRに対して要請したのは、

難民が発生しない環境作りへの関与だった。1990年に発表された高等弁務官報告書は、国際的保護とはノン・ルフールマン原則の遵守のような喫緊の目的だけでなく、恒久的解決による保護という究極の目的を果たすことであると述べている（UNHCR 1990, para 12）。さらにこの報告書は保護について、「逃避や受け入れといった緊急時に必要な活動から、それに続く時期に不可欠な恒久的解決の模索や実施といった活動を含む、継続したプロセス」であると説明している。この時期には、UNHCRおよび難民レジームにおける国際的保護とは、恒久的解決策を中核としつつも、難民発生の要因に始まるあらゆる問題に取り組む「包括的なアプローチ」を通じて確保されると再解釈されるようになっていた（Hammerstad 2014: 124）。

1990年代以降も、「包括的アプローチ」を通じた保護という考え方は継承されていく。米国を含む西側先進国の財政的支援の復活により、UNHCRの財政が改善するにつれて、多様な保護の方法に一層の力が注がれるようになっていった。具体的には、複合的緊急事態（complex emergencies）と呼ばれる状況下での物質的支援の輸送・配布（UNHCR 1992）、難民の発生・流出を防ぐ目的の予防的保護（preventive protection）（Frelick 1992: 439-454）、さらには旧ユーゴスラビアにおける人道危機への対応としての一時的保護（temporary protection）（Goodwin-Gill and McAdam 2021: 292-298）などである。このような多様な保護の出現について、庇護国としてはもとより、第三国定住を通じた難民受け入れすらも望まない国々の思惑を反映しているという批判もある（ウェイナー 1999: 409-411）。実際、三つの恒久的解決策の中では帰還が促進される一方で、その可能性がないまま庇護国定住も許されない長期滞留難民の増加が続いていた。そこでこの状況からの脱却のために、「負担と責任の分担」というかけ声を通じて、第三国定住が「再発見」されていくことになる（Noll and van Selm 2003）。

1991年には、UNHCRの執行委員会の結論において「保護の道具としての第三国定住と国際的保護のつながりが再確認」された（UNHCR 1991）。『第三国定住ハンドブック』によれば、冷戦対立からの逃避者に対して「自動的に難民の地位を認める」という慣行が1980年代終わりには消滅し、冷戦終了後の新たな指針がUNHCRに求められた（UNHCR 2011: 50）。というのも一方では、

いわゆる西側先進国における難民レジームへの関心低下と各国の入国管理政策の厳格化、もう一方では、いわゆる途上国で難民化する人々の増加および深刻化する長期滞留難民状況が続いていた。そこで注目されたのが国際的な「負担と責任分担の理念」であり、その方法としての第三国定住だった。1990 年代後半に入り、第三国定住受け入れの基準やプログラム管理について包括的な向上が図られる。後に UNHCR はこの時期に第三国定住受け入れに対する「パラダイム・シフト」(UNHCR 2019: 9) が生じたと述べている[9]。

(b) 2001 年～──「解決策がなければ保護ではない」(UNGA A ／ 57 ／ 12, 2002, para 7)

21 世紀に入り、UNHCR を中心とする難民レジームが成立して 50 周年を迎え、恒久的解決策の扱いは再び転機を迎える。2001 年に高等弁務官に就任したルベルス (Lubbers) の下で、「保護のための課題 (AP)」という指針が発表された。その前文でルベルスは、「逃避中の保護では十分でない。難民には保護と解決の両方が必要である」と解決策の重要性を強調する。実際、AP が掲げる目的 3 は「より公平な負担と責任の分担と難民受け入れ・保護対応力の強化」、目的 5 は「恒久的解決のさらなる追求」であった (UNHCR 2003c)。さらにルベルスは、難民条約の「負担と責任の分担」の改善を目指し、これまでのやり方を補完・強化するために、「コンベンション・プラス (Convention Plus 以下、CP)」という考え方を提示した。その際、先の AP の目的 3 と目的 5 を実現すべく「恒久的解決策のための枠組み (Framework for Durable Solutions for Refugees and Persons of Concern)[10]」が創られた。その中で言及されたのが、「第三国定住の戦略的活用 (the strategic use of resettlement)」(UNHCR 2003a) である。これについては、第三国定住を計画的に活用することで、第三国に定住した難民だけでなく、それ以外の難民、庇護国、それ以外の国々、さらには国際的な保護体制全般に利益が生ずると説明された (UNHCR 2003b)。加えて

▶9 1995 年には、第三国定住受け入れを促進するために、政府、NGOs を加えた「第三者協議 (Annual Tripartite Consultation on Resettlement)」が設立された。同時期に「第三国定住作業部会 (Working Group on Resettlement)」も設立され、定住活動の情報共有や第三国定住受け入れへの参加促進を目的とした討議が、定期的に開催されるようになった。

▶10 ルベルスの辞任により CP は 2005 年 11 月で終了した。

強調されたのが、長期滞留難民の状況をより公平な「負担と責任の分担」を通じて解決するための第三国定住の活用だった。ただし引き続き、三つの恒久的解決策の中では帰還が最も望ましいとする従来どおりの見解が記されている（UNHCR 2003b: para 5）。とはいえ、実際に帰還が実現する状況が整い、長期滞留難民状況が改善されるには、課題が山積したままだった。[11]

その後、2007年にUNHCRは、「難民保護と混在移動――10の行動計画（10PPA）」を発表した。この中で、混在移動とそれに伴う「移動による解決策」が言及されており、すでにここに、GCRでも提言される「移動による解決策」という「第四の解決策」の予兆が見出せる。

10PPAは、国境を越えるヒトの移動が増加し複雑化するにつれて、難民の保護と国境を越える移住者の管理が交差する機会も増え続けていると指摘する。このような混在移動においては、「様々な目的を持つ人々が同じルートを同じ移動手段を使って移動したり、同じ密航者の手を借りて移動」（UNHCR 2007: 8）したりする。つまり、難民、経済移民、人身売買被害者、密航者といった様々な名称で呼ばれる人々が、現実には同じルートを同時並行的に正規および非正規の方法で移動する。この状況は移動する個人にとってリスクをもたらすだけでなく、国家にとっても大きな挑戦となる。そこで10PPAは、10分野の中の7番目に「解決」という章を設け、「難民もしくは国際的保護を必要とする人々」には「恒久的解決策を含む保護を基盤とした対応」が必要であること、ただしその具体的な中身は個別の状況によること、さらに「多様な解決を組み合せる包括的なアプローチこそが成功の鍵であり、伝統的な恒久的解決策を超えて、合法的移動の機会を提示することが、ある種の難民には補完的な解決策を開くことになる」と述べている（UNHCR 2007: 13）。

具体的な提案の中身は以下のとおりである。まず、「恒久的解決策のあいだに優先順位はなく、三つの解決策を組み合せた統合的アプローチ」が最善の方法である。これまで恒久的解決策は定住を目的としてきたが、混在移動の状況を前にそれが困難な事例が多数ある。そういった場合には、「受け入れ国内での、または規律だった移動を通じた第三国での、一時的もしくは恒久的滞在と

▶11　深刻化する長期滞留難民状況については、2008年に「長期滞留難民に関する高等弁務官イニシアティブ」が始められる（詳細は、杉木 2014: 199-201）。

いう代替策」が考えうる（UNHCR 2007: 186）。10PPA によれば、①難民が受け入れ国で苦境に陥り自立する可能性が見いだせない場合や、②難民としての保護はもはや必要ないが、出身国への帰還が困難な場合には、「移動による解決策」の適用を考慮するに値すると述べられている。

　2007 年から 10 年が立ち、2016 年には改訂版の 10PPA が発表された（UNHCR 2016）。「難民のための解決策」と題された第 7 章には「ステークホルダーへの提案」が掲げられた。その冒頭には、解決に向けた漸進的なアプローチの下で「三つの恒久的解決策…にのみ専念するのではなく、包括的な対応策内の他の経路——たとえば、教育、労働、家族統合のための国際移動の促進——を通じた解決策」の促進が明記されている（UNHCR 2016: 178）。さらに、包括的で恒久的な解決の達成には、より一層の国際協力を通じて、出身国および滞在国での権利拡大、もしくは補完的受け入れや第三国定住の適切な拡充が欠かせない。第三国で労働もしくは教育などの機会を得る可能性がある難民にとっては、たとえ一時的な移動を意味する補完的受け入れであっても恒久的な解決への足がかりになりうる。そこで改訂 10PPA の中で UNHCR は、三つの恒久的解決策が多くの難民にとって実現困難な現状においては、補完的受け入れを含めた包括的解決策戦略——いわゆる「移動による解決策」——を強化していくと言明した。このような提言は 2018 年の GCR でも継承されている。

第 3 節　第三国定住という恒久的解決策

第 1 項　第三国定住の現状と課題

　そもそも、第三国定住を通じて「負担と責任の分担」を実現でき（てい）るのか。2023 年の『グローバル・トレンド』には「第三国定住と補完的受け入れ」という項目が掲げられている（UNHCR 2023: 42）。そこでは、「第三国定住、コミュニティ・スポンサーシップおよびそれ以外の方法による第三国への移動」が実現できた難民は 15 万 6,700 人にすぎないと指摘されている。UNHCR は 200 万人に第三国定住が必要と見積もっているが、実現できたのはそのわずか 8％程度である。その数は 2022 年と比べて増加しているとはいえ余りに少

ない。第三国定住は、国内に多くの難民を抱える国との「責任の共有」につながるだけでなく、差し迫った危機もしくは特定の危機に直面する難民にとっての「重要な保護の道具であり解決策」となる（UNHCR 2023: 40）。しかし現状では、恒久的解決を達成できるのはほんの一握りの難民だけである。そこで重要となるのが、補完的受け入れや家族結合を通じた、「漸進的な恒久的解決の達成」である（UNHCR 2023: 40）。補完的受け入れの拡充は、受け入れ国が抱える圧力の軽減および難民の自立にもつながるという。

　先述のとおり、第三国定住については、偽装難民誘発や制度運用上の懸念が指摘されてきた。中でも対象者の選定における透明性や公正性への疑念は根強い。加えて、第三国定住プログラムの運用方法や目的は各国で大きく異なっている。先行研究は、各国が実施する第三国定住プログラムの具体的な中身に従い、難民の当事者性の回復程度が大きく異なることを指摘している（Gowayed 2022）。にもかかわらず、UNHCRが各国の個別のプログラムに直接介入することはできない（Ineli-Ciger 2022; Noll and van Selm 2003）。このような状況を前に、UNHCRは2004年に『第三国定住受入れハンドブック』を発表して以降、ガイドラインを改定しつつ、第三国定住の主旨の周知を図っている（入山 2011: 69-70）。2011年版の『第三国定住ハンドブック』では、受け入れ国に提出する第三国定住候補者のカテゴリーの要件として、①法的・身体的保護のニーズ、②拷問や暴力のサバイバー、③医療ニーズ、④危険に瀕する可能性のある女性および少女、⑤家族の再統合、⑥危機に瀕する可能性のある子どもおよび若年者、⑦恒久的解決策の選択肢に実現の見通しがない場合を挙げている（UNHCR 2011: 37）。上記のカテゴリーの少なくともどれか一つに該当する者が、第三国定住の候補者としてプログラム実施国に推薦される（UNHCR 2011: 36）。ただし第三国定住は権利ではないため、たとえ第三国定住の希望が伝えられたからといって、その者を受け入れるかどうかの最終判断は受け入れ国に委ねられる。プログラム実施国が、受け入れ対象となる「難民」の属性および要件を前もって指定している場合も多い。多くの国が入国後の適応能力を受け入れ基準に含めている。また、第三国定住プログラムを通じて難民を受け入れる代

▶12　たとえば日本は、第三国定住受け入れプログラム実施前の閣議了解において、受け入れ条件として「日本社会への適応能力がある者であって、生活を営むに足りる職に就

わりに、個別の庇護申請を通じた受け入れを削減しようとする国もある。▶13

　本来、難民のための第三国定住プログラムと、移動を目的とする者のための入国管理プログラムは、それぞれが依拠する根拠や運用が異なるはずである。にもかかわらず、第三国定住という名の下で、国家が前もって受け入れたい難民の属性と数を指定し選抜するならば、それは労働市場や経済動向に基づき受け入れる者の属性と数を決定する入国管理と変わらなくなる。結果として、第三国定住の実態を「管理されたヒトの移動の論理（the logic of migration management）」に基づく行動と説明する研究もある（Hashimoto 2018: 181）。この傾向は、早くから第三国定住プログラムを実施していた米国やオーストラリアでも、近年プログラムを開始したEUや日本でも同様にみられる。このような状況に対してUNHCRは、第三国定住の成否を判断するには受け入れ人数とかプログラム実施国数だけではなく、その運用基準（だれがどのように選ばれ、受け入れられ、支援されたか）も考慮すべきであると主張してきた（UNHCR 2010: 6）。

　以上のように、第三国定住プログラムの運用および実績には必ずしも賞賛できない点がある。それでも先述のとおり、2000年には第三国定住の戦略的利用を通じた「責任共有」が提案されるに至った（UNHCR 2003a）。混在移動への対応として、2007年には第三国への一時的な移動を実現しようとする補完的受け入れが解決策に加えられた後、いまやGCRの掲げる五つの解決の二つが第三国定住と補完的受け入れとなっている。▶14

第2項　第三国定住と補完的受け入れ

　補完的受け入れを通じた「移動による解決策」は、もはや難民レジームの

　　くことが見込まれる者」であると確認された。（難民対策連絡調整会議 2008）。加えて当然のことながら、各国によって難民受け入れ政策における第三国定住プログラムの重要性も異なる。橋本（2024: 77）は、米国では難民（refugee）とは第三国定住難民のことを指すと指摘している。

▶13　近年、第三国定住プログラムに対する懸念として、個別庇護申請の二つのプログラムを代替的に扱う「シーソー仮説」や、厳格な庇護政策に対する「人道主義のアリバイ」としての第三国定住の利用があげられる（van Selm 2004: 40）。

▶14　残りの三つは「出身国と自主的帰還に対する支援」「庇護国における社会統合」「庇護国におけるその他の解決策」である。

一部に組み込まれている。さらには、「移動による解決策」の中核に「就労移動機会（labour mobility opportunities）」をすえる研究もある（Goodwin-Gill and McAdam 2021: 561）。実際、UNHCR のホームページ上に掲げられている「活動（what we do）」の中の「よりよい未来のため」の方法として、「就労経路（employment pathways）」を通じた第三国での補完的受け入れが恒久的解決に繋がる道筋が記されている。[15]就労経路の促進は、GCR の理念に基づく活動であるのはもちろんのこと、難民の自立の利益、雇用者の利益、受け入れ国の利益、難民以外の者にもたらされる利益の実現を通じた「ウィン・ウィン状況」を創出すると説明される。GCR では、4 年に一度、政府機関、国際金融機関、民間企業、人道機関、開発機関、難民、市民社会の代表がそれぞれの難民支援の取り組みやアプローチを共有する場として GRF を開催することになっている。2023 年に開催された第 2 回 GRF でも第三国への移動を通じた解決策の促進が確認され、その実現に向けた方法の中で、「技術・能力に応じた経路（skill-based pathways）」が推奨されている（UNHCR 2024）。

　具体的な事例として、難民の能力に応じた第三国への移動を実現するために、「国境を越える技術・能力（TBB）」という団体のプログラムを UNHCR は支援している（Moussa and Sterck 2024）。この団体は、企業と企業が必要とする技術・能力を持つ難民のマッチングを推進する活動を実施している。たとえば英国政府は TBB との協力関係を通じて、2021 年 10 月から 2 年間のパイロット・プログラムを実施した（HO 2023）。当初このプログラムでは、50 から 100 人程度が既存の「技能移民ルート」を使って受け入れられる予定だった。2024 年 11 月まで延長されたが、実際に英国に移動したのは 2023 年 9 月 1 日時点で 12 人のみだった（Moussa and Sterch 2024: 57-58）。TBB はオーストラリアやカナダ政府などとも類似のパイロット・プログラムを実施している。[16]

　先述のとおり、制度運用や実績に課題があるにもかかわらず、「負担と責任の分担」のかけ声の下で第三国定住や補完的受け入れを通じた移動を UNHCR

▶ 15　詳細は、UNHCR のホームページ（https://www.unhcr.org/what-we-do/build-better-futures/long-term-solutions/complementary-pathways/employment-pathways（最終閲覧日：2024 年 10 月 1 日）を参照。

▶ 16　詳細は、TBB のホームページ（https://www.talentbeyondboundaries.org/（最終閲覧日：2024 年 10 月 1 日）を参照。

自身が推し進めている。先行研究の中には、UNHCR の「意図的な対応（intentional practices）の積み重ね」が「移動による解決策」の登場の背景にあることを指摘しつつ、UNHCR および難民レジーム自体が変容してしまったと結論づけるものもある（Mourad and Norman 2020）。とくに懸念すべきなのは、難民レジーム内の「解決策」である第三国定住を通じた「負担と責任の分担」のための移動と、難民レジーム外での労働などを目的とする移動の接近・同一化である。「難民」と「移民」の区分については、確かにその恣意性が問題視されている（柄谷 2021）。しかし現実には、GCR とは別に、GCM が成立し、GCR と GCM は別々のレジームを形成することになっている。その上でそれぞれのレジームの下で解決策が実施される。そうであれば、この二つの移動の根拠や扱いは異なるはずである。にもかかわらず、それぞれの移動の違いを（意図的に）明確にしないままで、第三国定住および補完的受け入れを通じた移動が技術・能力や就労機会に基づいて推進されているとすれば、UNHCR を先導役とする難民レジームなるものの役目は GCM に基づく移民レジームと限りなく近づき、重なっていくことになる。

おわりに──「実在する」難民レジームは難民になにをもたらすのか？

　本章の目的は、「解決策」から難民レジームを見直すことで、「実際に存在する難民レジーム」の現在の様相を明らかにすることだった。70 余年のあいだに、難民レジームの目的である国際的保護と恒久的解決策の実現のそれぞれの意味および両者の関係は変化してきている。設立当初は、保護の中に支援は含まれていなかった。また、いわゆる第四の解決策と呼ばれる「移動による解決」は、難民レジーム設立以前に却下されていたものである。にもかかわらず、GCR では補完的受け入れを含めた「移動による解決策」として、就労機会や技術・能力に基づく移動が促進されている。加えて、このいわゆる「移動による解決策」では、三つの恒久的解決策が目指してきた定住までもが妥協されようとしている。というのも「移動による解決策」では、長期的には定住につながることが「よりよい未来」のために期待されているだけで、それが確約されているわけではない。

GCRが難民レジームの行方にどれほど影響を与えるかはまだ不明である。先述のとおり、GCRは新たな国際規範は生み出さなかったと批判される一方で、問題解決の捉え方およびその基盤となる考え方を提示したという評価がある（Micinski 2021: 149）。このGCRの成果の一つが「負担と責任の分担」、とくに軽視されがちだった「責任」の共有の復権であろう。各国に対して、「予見可能かつ公平な負担分担と責任分担」を実現すべく、第三国定住および補完的受け入れを通じた移動が、解決策として推奨されている。ただしGCRは何ら義務を課すことのない非拘束的文章であるため、実際に実施国の拡充および受け入れ数の増大に結びつくかはわからない。またGCRは、責任の共有を訴えるだけで具体的な方法の設立を「意図的に省略」しているという批判もある（Ineli-Ciger 2019: 128）。しかしそうであっても、GCRが「負担と責任の分担」を明記している点は重要である。70余年前の難民条約には「国際協力」とだけしか書かれておらず、その内容も具体策も曖昧であった。それが先述のとおり、1980年代後半から保護と解決策の繋がりが重視されるようになるにつれ、「負担と責任の分担」の共有方法として第三国定住が注目を集めるようになった（UNHCR 2003b: 1）。GCRにおいては、「負担と責任の分担に関する取り決めは、受け入れ国・コミュニティーとのより公平かつ予測可能な負担と責任の分担を達成すること」であり、「国際連帯と協力という原則の徹底した実現」（paras 14 and 15）であると説明されている。ここにこそ、難民レジームを「難民レジーム」たらしめている根拠が存在する。

　先述のとおり、GCRは解決策を通じた難民・雇用者・受け入れ国の「ウィン・ウィン状況」の達成を目指している。そうであるならば、この状況から多くの難民が排除されていては意味がない。それゆえに、第三国定住および補完的受け入れの単なる拡大・増加だけでは不十分である。というのも現実には、「移動による解決策」をふくめた解決策は、技術・能力もしくは就労機会のある一部の難民にのみ開かれている[17]。そうではない大多数の難民にとっては無意味などころか、GCMの下での解決策への際限なき接近はGCRの下での解決策の縮小および後退にさえつながりかねない。注視すべきは「負担と責任の

▶17　橋本は「補完的受け入れ」について、「教育を受けている、スキルがある、渡航先にすでに家族がいる」といった「上乗せ」条件の存在を指摘している（橋本 2024: 94-98）。

分担の理念」を実践に落とし込もうとする試みである。この試みの行き先が難民レジームなるものの様相を決めることになる。

❖ 参考文献 ❖

入山由紀子（2011）「第三国定住の概要と課題」『難民研究ジャーナル』第1号：65-76.
ウェイナー, マイロン（1999）『移民と難民の国際政治学』内藤嘉昭訳, 明石書店.
柄谷利恵子（2008）「UNHCRとアメリカ——国際的難民保護レジームとアメリカの外交戦略」菅英輝編著『アメリカの戦争と世界秩序』法政大学出版局：159-188.
柄谷利恵子（2021）「グローバルな移民／難民問題と安全保障」南山淳・前田幸男編著『批判的安全保障論——アプローチとイシューを理解する』法律文化社：174-189.
杉木明子（2014）「長期滞留難民と国際社会の対応——アフリカの事例から」墓田桂・杉木明子・池田丈佑・小澤藍編著『難民・強制移動研究のフロンティア』現代人文社：189-207.
難民対策連絡調整会議（2008）「第三国定住による難民受入れに関するパイロットケースの実施について」平成20年12月16日閣議了解, https://www.cas.go.jp/jp/seisaku/nanmin/081216ryoukai.html（最終閲覧日：2024年10月1日）.
橋本直子（2024）『なぜ難民を受け入れるのか——人道と国益の交差点』岩波新書.
村橋勲（2021）『南スーダンの独立・内戦・難民——希望と絶望のあいだ』昭和堂.
山岡健次郎（2017）「難民不在の『難民問題』」駒井洋監修『難民問題と人権理念の危機——国民国家体制の矛盾』明石書店：58-61.
Aleinikoff, T. A. and L. Zamore. (2019) *The Arc of Protection: Reforming the International Refugee Regime*, Stanford University Press.
Betts, A. (2010) "The Refugee Regime Complex," *Refugee Survey Quarterly*, 29(1): 12-37.
Betts, A. and P. Collier (2017) *Refuge: Transforming a Broken Refugee System*, Allen Lane.〔ベッツ, アレキサンダー, ポール・コリアー（2023）『難民——行き詰まる国際難民制度を超えて』滝澤三郎監修, 明石書店〕
Bradley, M., J. Milner, and B. Peruniak eds. (2019) *Refugees' Roles in Resolving Displacement and Building Peace: Beyond Beneficiaries*, Georgetown University Press.
Chimni, B. S. (2004) "From Resettlement to Involuntary Repatriation: Towards a Critical History of Durable Solutions to Refugee Problems," *Refugee Survey*

Quarterly, 23(3): 55-73.

de Boer, T. and M. Zieck. (2020) "The Legal Abyss of Discretion in the Resettlement of Refugees: Cherry-Picking and the Lack of Due Process in the EU," *International Journal of Refugee Law*, 32(1): 54-85.

Fortier, A-M. (2021) *Uncertain Citizenship: Life in the Waiting Room*, Manchester University Press.

Frelick, B. (1992) ""Preventive Protection" and the Right to Seek Asylum: A Preliminary Look at Bosnia and Croatia," *International Journal of Refugee Law*, 4(4): 439-454.

Goodwin-Gill, G. S. and J. McAdam (2021) *The Refugee in International Law*, Oxford University Press, 4th edn.

Gowayed, H. (2022) *Refuge: How the State Shapes Human Potential*, Princeton University Press.

Hammerstad, A. (2014) *The Rise and Decline of a Global Security Actor: UNHCR, Refugee Protection, and Security*, Oxford University Press.

Hashimoto, N. (2018) "Refugee Resettlement as an Alternative to Asylum," *Refugee Survey Quarterly*, 37(2): 162-186.

Heilbrunn, S., Freiling, J. and A. Harima eds. (2019) *Refugee Entrepreneurship: A Case-based Topography*, Palgrave Macmillan.

Home Office (2023) Skilled refugees contributing 1m to UK economy each year, https://www.gov.uk/government/news/skilled-refugees-contributing-1m-to-uk-economy-each-year（最終閲覧日：2024年10月1日）.

Ineli-Ciger, M. (2019) "The Global Compact on Refugees and Burden Sharing: Will the Compact Address the Normative Gap Concerning Burden Sharing?," *Refugee Survey Quarterly*, 38(2): 115-138.

Ineli-Ciger, M. (2022) 'Is Resettlement still a Durable Solution?: An Analysis in light of the Proposal for a Regulation Establishing a Union Resettlement Framework,' *European Journal of Migration and Law*, 24(1): 27-55.

Karatani, R. (2005) "How History Separated Refugee and Migrant Regimes: In Search of their Institutional Origins," *International Journal of Refugee Law*, 17(3): 517-541.

Kraler, A., M. Fourer, A. J. Knudsen, J. Kwaks, K. Mielke, M. Noack, S. Tobin and C. Wilson (2020) *Leaning from the Past: Protracted Displacement in the Post-World War II Period* (TRAFIC Working Paper, 2), Bonn International Center for

Conversion.

Krasner, S. D. (1983) *International Regimes*, Cornell University Press.

Long, K. (2016) "Rethinking "Durable" Solutions," in Elena Fiddian-Qasmiyeh, Gil Loescher, Katy Long and Nando Sigona eds., *The Oxford Handbook of Refugee and Forced Migration Studies*, Oxford University Press, 475-487.

Malkki, L.H. (1992) "National Geographic: The Rooting of Peoples and the Territorialization of National Identity among Scholars and Refugees," *Cultural Anthropology*, 7(1): 24-44.

Mayblin, L. (2018) *Asylum after Empire: Colonial Legacies in the Politics of Asylum Seeking*, Rowman and Littlefield.

Mayblin, L. and J. Turner (2021) *Migration Studies and Colonialism*, Polity.

Micinski, N. R. (2021) *UN Global Compacts: Governing Migrants and Refugees*, Routledge.

Mourad, L. and K. P. Norman (2020) "Transforming Refugees into Migrants: Institutional Change and the Politics of International Protection," *European Journal of International Relations*, 26(3): 687-713.

Moussa, N. and O. Sterck (2024) 'Skilled Worker Visas for Refugees: An Evaluation of the UK's Displaced Talent Mobility Pilot (DTMP)', https://www.rsc.ox.ac.uk/publications/skill-worker-visas-for-refugees-an-evaluation-of-the-uks-displaced-talent-mobility-pilot-dtmp/@@download/file（最終閲覧日：2024年10月1日）.

Noll, G. and J. van Selm. (2003) Rediscovering Resettlement, Insight, Migration Policy Institute, no. 3, https://www.migrationpolicy.org/sites/default/files/publications/Insight_3_12-2003.pdf（最終閲覧日：2024年10月1日）.

Pincock, K., B. Alexander and E. Easton-Calabria (2020) *The Global Governed? Refugees as Providers of Protection and Assistance*, Cambridge University Press.

Puggioni, R. (2016) *Rethinking International Protection: The Sovereign, the State, the Refugee*, Palgrave Macmillan.

Stein, B.N. (1986) "Durable Solutions for Developing Country Refugees," *International Migration Review*, 20(2): 264-282.

UNHCR (1988) Executive Committee General Conclusion no. 50 (XXXIX) on International Protection.

UNHCR (1990) Report of the United Nations High Commissioner for Refugees.

UNHCR (1991) Executive Committee of the High Commissioner's Programme, *Resettle-

ment as an Instrument of Protection, no. 67 (XLII).

UNHCR (1992) Note on International Protection, A/AC.96/799.

UNHCR (1996) Executive Committee of the High Commissioner's Programme, Standing Committee, 3rd Meeting. EC/46/SC/CRP. 32, 28 May 1996.

UNHCR (2003a) Framework for Durable Solutions for Refugees and Persons of Concern, May 2003.

UNHCR (2003b) Standing Committee, 27th meeting. 3 June 2003. EC/53/SC/CRP.10/Add.1.

UNHCR (2003c) Agenda for Protection. October 2003. 3rd edn.

UNHCR (2005) Executive Committee Conclusion No. 104 (LVI) on Local Integration.

UNHCR (2007) *Refugee Protection and Mixed Migration: A 10-Point Plan of Action.*

UNHCR(2010) Executive Committee of the High Commissioner's Programme, Standing Committee, 48th meeting. Progress Report on Resettlement.EC/61/SC/CRP.11.

UNHCR (2011) *Resettlement Handbook.*

UNHCR (2016) *The 10-Point Plan in Action, 2016 Update.*

UNHCR (2019) *The History of Resettlement: Celebrating 25 Year of the ATCR,* https://www.unhcr.org/protection/resettlement/5d1633657/history-resettlement-celebrating-25-years-atcr.html（最終閲覧日：2024 年 10 月 1 日）.

UNHCR (2023) *Global Trends: Forced Displacement in 2023.*

UNHCR (2024) Roadmap to the High-Level Officials Meeting 2025.

van Selm, J. (2004) "The Strategic Use of Resettlement: Changing the Face of Protection?," *Refuge,* 22(1): 39-48.

第6章
隔離・収容される庇護希望者の「当事者性」
—— オーストラリアの国外難民収容所からの告発とその影響

飯笹 佐代子(青山学院大学)

はじめに——「ノイズの主体」としての難民?

　紛争や政治的迫害などで祖国を逃れる人々が増える中、先進諸国は難民の入国を抑制する傾向を一層強めている[1]。イギリスが英仏海峡を密航してきた庇護希望者の一部を高額の経済支援と引き換えにルワンダへ移送しようとした試みは、そのことを端的に象徴する一例として捉えることができよう。2024年7月の政権交代により中止となったが、実はこうした難民収容・審査の外部化ないしは海外移転は、すでにオーストラリアでは2001年から実施されてきた[2]。
　「パシフィック戦略(Pacific Strategy)」[3]と呼ばれるその政策は、難民申請のために密航船で豪領土に上陸を試みる、いわゆるボートピープルを南太平洋の

▶1　ここでの難民は、庇護希望者を含め、何らかの事情により祖国から逃れざるを得なかった人たちを広く指す語として用いる。

▶2　同国は多くの難民を受け入れてきており、ボートピープルへの対応も当初から排他的であったわけではない。その推移については、飯笹(2018)を参照。

▶3　Pacific Solution と呼ばれることも多いが、solution の語がナチスの 'Final Solution' を連想されるとの批判もあり、豪政府の文書では strategy に言い換えられている(Crock et al. 2006: 117)。

ナウル共和国やパプア・ニューギニア（PNG）のマヌス島に移送し、現地で収容して難民認定審査を行うものである。これは、2000年前後に、主として中東や中央アジアの動乱から逃れてインドネシアから密航船でクリスマス島やアシュモア礁などのオーストラリア領土を目指すボートピープルが、1万人以上に増加したことへの対応であった（図6-1）。ボートピープルの到来が減少したために2008年に一旦廃止されるが、その直後より、タリバン勢力の復活や、内戦終結後のスリランカから反政府側タミール人が脱出し始めたことなどを背景に到来数が激増した。09年から12年までに3万人を超え、海難事故も多発し多くの命が失われた（Refugee Council of Australia 2024）。

　2012年8月、豪政府はパシフィック戦略の再開を決定する。続いて翌13年の7月19日以降に到来した庇護希望者には、たとえ難民認定されたとしても定住先はPNGかナウルに限定し、オーストラリアでの定住を認めないという、より厳しい措置を追加した。不運にもその対象となったのは3,000人を超える。

　劣悪な環境の中で収容は長期におよび、懲罰的な要素が強いこの措置は極めて非人道的であるとして、UNHCRはじめ国内外の人権団体や活動家等から繰り返し批判されてきた。しかも、報道関係者や部外者が収容施設に立ち入ることは容易ではなく、その実態は秘匿されてきた。こうした状況は、アガンベン（Giorgio Agamben）の収容空間についての歴史的な考察を想起させる。そ

▶ 4　面積は東京都品川区とほぼ同じで、人口は約1万人、主要産業は燐鉱石を中心とする鉱業。「外務省基礎データ」による。https://www.mofa.go.jp/mofaj/area/nauru/data.html（最終閲覧日：2024年10月10日）。

▶ 5　面積は東京都とほぼ同じ広さで、人口は約6万人（PNG Census 2011）。

▶ 6　それぞれの収容施設の正式名称はNauru Regional Processing Centre, Manus Island Regional Processing Centre（マヌスの方は2017年に閉鎖）。総称としてoffshore processing centresとも呼ばれる。

▶ 7　同戦略の再開から13年7月19日より前までに到来して両施設に送られた約1,000人はオーストラリアへ再移送されたため、ここには含まれない（Refugee Council of Australia 2024）。なお、2001年から08年まで（パシフィック戦略1期）にナウルとマヌス島に約1,600人が送られたが、うち6割以上がオーストラリアに受け入れられた（Expert Panel on Asylum Seekers 2012: 131）。

▶ 8　国際法への違反、膨大なコスト（収容施設の運営コストに加えて、ナウルやPNGへの援助額の上乗せなど）、組織的な残酷さ、国境産業複合体などへの批判については、飯笹（2024b）を参照。

注：矢印はドラニとブチャーニーのジャワ島からマヌス島までの移動を示している。
出典：筆者作成。

図6-1 インドネシア・オーストラリア間の海域と収容施設（★印）の所在

こでは「通常の法的秩序が事実上宙吊りにされ、残虐なことがなされようがなされまいが、そのことは法権利にではなく、暫定的に振る舞う警察の礼節と倫理感覚だけによって決まる」（アガンベン 2003: 238）との指摘は、現代のナウルやマヌス島の収容施設にも当てはまるだろう。アガンベンの議論を踏まえて、難民収容施設こそがフーコー（Michel Foucault）の言う「生政治」（フーコー 2008）のパラダイムであるとする論者もいる（Rajaram and Grundy-Warr 2004）。

　しかしながら、そうした状況下においても監視の目をかいくぐって精力的に執筆や創作活動を行い、それらを限られたインターネットへのアクセスを通じて外部に発信し、過酷な収容への抗議を伝えようとした収容者もいた。その中でも世界的に注目を浴びたのが、マヌス島に収容されたイラン人のアリ・ドラニ（Ali Dorani）（ペンネームは Eaten Fish）と、イラン出身のクルド人ベフルーズ・ブチャーニー（Behrouz Boochani）である。彼らは、国境管理の暴力的な空間の中に捕らえられた顔のない非力な「ホモ・サケル」ではなかった。批判的境界研究を専門とするオーストラリアの研究者オズグク（Umut Ozguc）の表現に倣うならば、「ノイズの主体（noisy-subject）」とも言うべき存在としてみなすことができる。「ノイズ」とは一般に、不快で望ましくない排除すべき雑音として否定的に捉えられている。しかし、同時に物事の確立された秩序に変革をもたらしうるポジティブで生産的な力として、フランスの哲学者セール

(Michel Serres) らによって概念化が図られてきた[9] (Ozguc 2020: 81)。

オズグクは収容実態におけるアガンベン的な特徴を認めつつも、抑圧の空間としてだけの国境理解を超えて、「一見固定されたように見える国境の構造が、予測不可能で、不確定で、絶えず変化していく」可動性を認識することの必要性を説く。そして、セールらの「ノイズ」概念を援用し、難民が「ノイズの主体」として国境管理の領域を混乱させ、影響をおよぼして既存の秩序やシステムに挑戦し、ときに破壊する可能性に注目を促す（Ozguc 2020: 77-78）。

では、ドラニとブチャーニーはいかにして収容というシステムや秩序に挑戦したのだろうか。本章では、彼らが収容施設から発信した漫画や映像、文学などの作品に着目しながら、当事者としての収容経験がどのように描かれ、また、それらがオーストラリア国内外にいかなる反響を、すなわち「ノイズ」の拡大をもたらしたのかについてみていきたい。

第1節　アリ・ドラニ（ペンネーム Eaten Fish）
―― 漫画／風刺画による収容実態の告発

ドラニは2013年5月にイランを脱出した[10]。その理由について、彼は家族に危険がおよぶとして明かしていない。インドネシアで40日ほど過ごし、密航斡旋業者の手配する粗末な漁船で大勢の人たちと共にクリスマス島に向かう。しかしその航海の途上でオーストラリア海軍によって拿捕され、クリスマス島で収容された。21歳のときである。

第1項　自身が描く絵の影響力への気づき

ドラニは自身の強迫症が悪化する中、気を紛らわすために収容施設での生活の様子を描くようになり、それらの絵が次第に収容者や施設の職員らの関心を引くようになっていった。ペンと紙はいつも調達できたわけではなく、紙不足のために描き損じられないという状況によって絵の技術が向上したと、後に彼

---

[9]　たとえばセール（1983）など。
[10]　以下のドラニの経験については、Humphrey（2020）; Cheung（2019）; Hills（2017）に基づく。

は述べている。ある日、自分の白いTシャツにオーストラリアの地図を描き、その中に涙を流す目を加え、地図の下には「私はただの難民だ（I am only a Refugee）」という言葉を入れた。それが思いがけず職員らに抗議としてとらえられたことにより、初めて自身の絵が他人に影響力を持つことを認識したという。

翌年の2014年1月、マヌス島のロングラムにあるPNG海軍基地（以前のオーストラリア海軍基地）に設置された、彼の表現では「家畜飼育場のような」収容施設へ送られた。当時、そこには1,300人以上が収容され、過密状態の中で2月に暴動が起

出典：© Eaten Fish

図 6-2 ドラニの絵（瓶に閉じ込められた自身。ラベルの RUF-115 は彼の識別番号）

こり、イラン人の収容者1人が死亡、77人が負傷した。後に明らかになったのは、平和的な抗議を行っていた収容者たちに対して、現地の住人や警察に加え、収容施設の運営を請け負っていた企業や団体の現地スタッフが棍棒や銃で一方的に襲撃したという事実であった（Bourke 2014）。なお、マヌス島にもナウルにも、その翌年以降23年の9月までは新たに送られた人はいない。13年9月に豪政府が軍主導の国境警備作戦（Operation Sovereign Borders と呼ばれる）を開始し、オーストラリアに向かう密航船を海上で拿捕してインドネシア側に追い返す（turn back）ことを徹底化したからである。

ドラニはマヌス島の慣れない熱帯の気候、収容施設の劣悪な環境、さらには暴動事件による混乱などで意気消沈し、描くモチベーションを失うが、やがて強迫症から気を逸らすために描くことを再開する。彼の作品は収容施設の惨状を戯画化した風刺画的な一コマ漫画が多く、しばしば途方に暮れた表情の分身が登場する（たとえば図6-2）。自死や十分な医療を受けられずに亡くなった収

129

容者たちの墓が描かれることもある。施設の医療センターの状況を戯画化したデッサンでは、待合室で「死ぬ準備はできていますか」と書かれた掲示板の下にたたずむ患者を無視し、医師と看護師が飲み物を手に踊りながら興じている。精神を病んだ患者は扉の向こうに閉じ込められ、別の扉には「墓地へ」の表示がある。床には棺が置かれ、壁にはいくつもの監視カメラが並ぶ。監視カメラは他の作品にも頻繁に登場し、収容施設が厳重な監視下にあることが窺える。

第2項　メルボルンでの初出展

　ドラニの漫画は収容施設内では評判となったものの、当初、それらを外部の人々と共有することは叶わなかった。マヌス島に送られて1年ほど経ってから、豪当局が収容者に対して週に一度45分間のインターネット使用を認めたため、ドラニは外部への発信を開始する。ネット環境が良好とはいえない中で苦労しつつ、オーストラリアの人権団体などに宛てて手当たり次第にメッセージと絵を送信し続けた。反応がないままに1年半が経過したある日、詩人で人権活動家のガルブレイス（Janet Galbraith）からフェイスブックを通じて、彼女が企画する展覧会への出展要請が届く。これにより、持ち込み禁止の携帯で密かに撮影して送ったドラニの漫画の1枚が、メルボルンの教会ホールで展示されることとなった（Cheung 2019）。

　その作品には、収容施設のフェンスの内側から、両腕だけが描かれたドラニが、フェンスの向こう側で背を向けている大勢の人々の後ろ姿に助けを求めるシーンが描かれている。看護師やジャーナリストらしき人々も、背中にオーストラリアやニュージーランド、国連などのゼッケンを付けた人々もドラニの訴えに振り向く気配はない。「人権」と「公平」と書かれたボックスには鍵がかけられ、先述の2014年2月の暴動で命を落としたイラン人収容者の墓の横には、「世界中が彼を1人置き去りにする（all the world leave him alone……）」

▶ 11　作品の一部は以下で見ることができる。https://eatenfish.com/page/3/（最終閲覧日：2024年10月10日）。
▶ 12　Humphery 2020: 444 に掲載。
▶ 13　飯笹 2024a: 170 に掲載。

との文字が並ぶ。

　この展覧会は豪政府のボートピープル政策に抗議するために開かれ、マヌス島やナウルの収容者が創作したアートや詩が集められた。展覧会の「私たちの美しい名前（Our Beautiful Names）」というテーマには、収容者たちが名前ではなく番号（入国審査番号）で呼ばれていることへの抗議が込められた（Hills 2017）。ドラニの番号「RUF115」は、出展作品に描かれた自身の右手首の腕輪にも示されている。なお、漫画家としてのペンネーム Eaten Fish は、魚のように海から捕らえられ、収容施設で「喰われ」（処理され）、そして魚の骨をゴミ箱に投げ捨てるようにマヌス島に「ポイ捨てされる」ことを意味しているという（Cheung 2019）。

第3項　受賞、ハンガーストライキ、そして出国へ

　やがてドラニの作品は、ガルブレイスを介して交流が始まった国際漫画家権利ネットワーク（Cartoonists Rights Network International（CRNI））や著名な人気漫画家らによってメディアやイベントで紹介され、ドラニの窮状への注目と支援の動きが国際的に広がっていった（Humphrey 2020: 438-440）。2016年7月には世界中の著名なアーティストたちがドラニの解放と自由を訴える漫画を描き、それらは『ワシントン・ポスト』紙や『ニューヨーク・タイムズ』紙などに掲載された（Doherty and Davidson 2016）。

　そして2016年8月、国際漫画家権利ネットワークはドラニに「風刺画における勇敢賞（Courage in Editorial Cartooning Award）」の授与を決定し、その理由を次のように述べた。

　　この悪名高い違法の収容施設における人権侵害と日常生活の耐え難い苦痛を記録し、伝える上で、（ドラニの）一連の作品が最も重要なものの一つとして認められることを確信している。彼の作品は、内部に身を置く才能あるアーティストだけに可能な方法で、秘密と沈黙のベールと幾重もの

フェンスを突き抜けている。[14]

　ドラニの授賞式への参加は、支援者による豪政府への働きかけにもかかわらず実現しなかったが、彼の知名度は上がり、自身の作品がメディアに登場する機会も増えていった。他方で、その代償がドラニを追い詰めることにもなる。同じ年の12月、『ガーディアン』紙に、マヌスの収容施設でスーダン出身の若い男性が病気を放置され、重症状態でオーストラリア本土の病院に緊急移送された直後に死亡した事件を描いた彼の漫画が掲載されると[15]、収容施設の職員らによる威圧的な嫌がらせが始まった。それを阻止するためにドラニがハンガーストライキを決行したことが外部に知れ渡ると、支援活動はいっそう活発になっていった（Humphrey 2020: 441）。

　イギリスに拠点を置くプロフェッショナル漫画家団体（Professional Cartoonists' Organisation）は、SNS上で#AddAFishキャンペーンを立ち上げ、参加者にEaten Fishのアイコンである魚を描いた作品を投稿してドラニへの支援を示すよう呼びかけた（Humphrey 2020: 441）。2017年5月には、市民の自由と人権を推進するためのメルボルンの組織リバティ・ビクトリア（Liberty Victoria）が、ヴォルテール・エンプティ・チェア賞（Voltaire Empty Chair Award）をドラニに贈った[16]。

　その舞台裏では、ガルブレイスと国際漫画家権利ネットワークが、ノルウェーの国際難民都市ネットワーク（ICORN）の協力を得ながら、ドラニのアーティスト・レジデンスとしての受け入れ先について協議を行っていた（Humphrey 2020: 441）。ICORNは、迫害などによって危機状況にある作家やアーティストたちに創作活動を継続できる安全な場を提供するために活動する団体である。ドラニは2016年10月にPNG政府によって難民認定申請を却下

▶ 14　Joel Pett, President of CRNI's Board of Directors and Editorial Cartoonist, https://cartoonistsrights.org/2016-courage-in-editorial-cartooning-award-winner-announced/（最終閲覧日：2022年9月1日）。

▶ 15　"Happy Bloody Christmas: The True Story of Faysal" というタイトルで、以下で見ることができる。https://eatenfish.com/2016/12/29/christmas-cartoon-from-eaten-fish/（最終閲覧日：2024年10月10日）。

▶ 16　https://libertyvictoria.org.au/content/gillian-triggs-takes-out-free-speech-award（最終閲覧日：2024年10月10日）。

されたために不法滞在の身となっていた。イランに自発的に帰国するか強制送還になるまで収容が続く状況にあり（Slezak 2016）、心身の状態が悪化する中、受け入れ先を見つけることが必至であった。

2017年8月、ドラニがノルウェー移民省から受け入れ通知を受け取ったとき、PNGの首都ポートモレスビーの搬送先の病院で入院治療中であった。4年半にわたる過酷な収容生活から解放され、ガルブレイスに同行されてノルウェーのスタヴァンゲルに向かったのは同年12月のことである（Humphrey 2020: 441）。彼は現在もこの地で創作活動を続けている。

第2節　ベフルーズ・ブチャーニー——執筆、映像制作、立てこもり

マヌスの収容実態を外部に訴えるためにドラニが漫画を描いたのに対して、ブチャーニーが取り組んだのが、執筆活動と映像制作である。1983年、イラン西部のイーラームでクルド系イラン人として生まれた。テヘランの大学院で政治学や地政学を学んだ後、ジャーナリストとしてクルド語の雑誌 *Werya* を創刊するなど、クルドの言語、文化、政治を推進するための活動を行っていた。イランでは非合法とされているクルド系の政党や学生団体にも所属しており、2011年にイランの準軍事情報機関に逮捕され、取り調べを受けたこともあった。*Werya* の事務所が襲撃され、同僚が逮捕されたことを機に祖国を脱出したのは13年に入ってからである（Doherty 2015）。

同年5月、インドネシアのジャワ島からクリスマス島に向けて出航した直後に船が沈没し、インドネシアの漁師に助けられて警察に収監されたものの、抜け出すことができた。7月に再び密航斡旋業者が手配した船に乗ったがオーストラリア海軍によって拿捕され、クリスマス島に1か月間収容された後、2013年8月末にマヌス島に移送された（Green *et al.* ed. 2017: 6-7）。

第1項　フェイスブック、主要紙への投稿

イランを脱出する前からフェイスブックに投稿していたブチャーニーは、マヌス島に収容されて以降、収容の実態やそこでの出来事について投稿を開始した。その内容の多くは、先述の2014年2月の暴動により死亡した、クリスマ

ス島の収容施設から親しくしていたイラン出身の友人に関するものであった。投稿は当初、すべてペルシャ語で書かれていたが、15年に入るとその内容は大きく変わり、マヌス島の収容施設における「拷問、虐待、抑圧、レイプ」を非難する英語の短いフレーズが含まれるようになる。支援者が投稿を英訳し、フェイスブック上のネットワークが広がっていった（Rae et al. 2018: 485）。

　ブチャーニーの活動を後押しする上で、ネットを通じて早い段階に、詩人で人権活動家のガルブレイスとつながったことは大きい。ドラニに初めて展覧会への出展を依頼し、ノルウェーへの移住に至るまで尽力した彼女は、ブチャーニーの窮状と執筆活動について国際ペンクラブ（Pen International）[17]や関係者に紹介した（Boochani 2018a: xviii）。ブチャーニーの収容施設に関する記事は、オーストラリアの複数の主要紙に掲載され、『ガーディアン』紙には定期的に記事を送るようになった。原稿はペルシャ語で執筆し、ネット上で知り合った支援者らが英訳した。最初の2年ほどは身の安全のために匿名を使っていたが、以降は実名を公表している。

第2項　ドキュメンタリー映画『チャウカ、時を告げてくれ』の制作

　記事の投稿に加え、ドキュメンタリー映画『チャウカ、時を告げてくれ（Chauka, Please Tell Us the Time）』の制作によって、彼の存在は国際的により知られるようになる。この映像作品は、ブチャーニーの存在を知ったオランダで活動するイラン出身の映像作家サルヴェスタニ（Arash Kamali Sarvestani）が2016年8月にブチャーニーに提案し、半年かけて共同で制作された。ブチャーニーが密かに入手した携帯で収容施設内を隠し撮りしてサルヴェスタニに送信した映像が主な素材となっている。施設内の不十分なネットワーク環境では30秒の映像を送るのに1時間も2時間も要したという（Lang 2017）。収容施設の外で撮った映像もあり、これは16年4月にPNGの最高裁判所が収容を憲法違憲としたことで、収容者がフェンスの外に出ることが可能となったからだ。

▶17　国際ペンクラブは1921年に発足し、作家の自由を擁護する活動を行っている。たとえば、『悪魔の詩』がイスラムを冒瀆しているとしてアヤトラ・ホメイニ師から死刑が宣告されたインド出身の作家サルマン・ラシュディも対象の1人である。

タイトルにある「チャウカ（Chauka）」とは、マヌス島に棲息する固有の小鳥の現地名で、1日に2度、決まった時間に囀ると言われ、現地の人々にとっては島のアイデンティティのシンボル的存在となっている。他方で収容施設内にある窓のない独房も「チャウカ」と呼ばれ、ブチャーニー自身も何度か入れられた。独房の名称 Chauka の発音は、偶然か意図的かは不明だが、英語の choker（首を絞める）にきわめて近い。

映像には、フェンス越しに見える椰子の木や海岸、あどけなく笑う現地の子どもたちというマヌス島の穏やかな日常風景と、それとは対照的に、厳重なフェンスの内側に並ぶトレーラーコンテナの列や、その中にある防水シートに仕切られた辛うじて眠れるだけの狭い収容者の居住スペース、ブチャーニーによる他の収容者へのインタビューなどが映し出される[18]。週に一度許される数分間の電話で家族に語りかける収容者の顔は悲壮感に満ちている。

施設内では噴霧器が音を轟かせながら殺虫剤を撒き散らし、充満する白い霧は収容者を追い立てる。しばしば出てくるこうしたシーンは、きわめて隠喩的である。イラン系オーストラリア人でブチャーニーの著作の翻訳者でもあるトフィギアン（Omid Tofighian）は、毎日予告なく行われる噴霧の作業には、「お前は蚊と同じくらい価値がない」という明確なメッセージが込められていると述べている（Tofighian 2019）。噴霧器の不快な機械音と対照的に、チャウカの甲高い鳴き声や現地の人々の歌声からはマヌス島の平穏な日常の様子が伝わってくる。収容者の歌う哀調を帯びたクルドの民族音楽に合せて、フェンスの外で踊る子どもたちのシーンもある。

映像は携帯で隠し撮りしたとは思えないほど鮮明だ。収容施設での殺害に関する会話や、自傷行為をした収容者が救急車で運ばれるシーンはあるが、施設内で頻発している暴力や流血などのシーンは出てこない。サルヴェスタニは敢えてそれらを避け、施設内の「不可視の暴力（invisible violence）」を伝えたかったと述べている（Lang 2017）。

この作品は 2017 年 6 月のシドニー映画祭で初上映されたのを皮切りに、オーストラリア各地、さらにはイギリスやスウェーデン、ニュージーランド、ドイツの映画祭でも上映され、同年 10 月のロンドン国際映画祭では受賞候補

▶18　Vimeo にて 2022 年 8 月 26 日に視聴。

作となった。ブチャーニーが主催者から招待されたことを知ったオーストラリア連邦議会の野党議員5人が連名で、自国の外務大臣と移民大臣宛てに彼の参加の許可を求める請願書を提出したが、豪政府は動かなかった（Zable 2017a）。

第3項　『山よりほかに友はなし』の執筆と問題提起

ブチャーニーは著作の執筆にも精力的に取り組んでいた。メッセンジャーアプリ WhatsApp を使ってペルシャ語の原稿を細切れに、シドニー在住で彼の投稿記事の翻訳者の1人に送り、彼女が章ごとに整えたものを哲学者で活動家のトフィギアンが英語に翻訳した。彼はブチャーニーとネットを通じて知り合い、すでに『ガーディアン』紙などの記事の英訳も手がけていた。ブチャーニーは収容施設で注意人物として監視されており、原稿を紙に書くと施設の職員に見つかる恐れがあるため、隠れて携帯に打ち込んでは送信するという作業を何度も繰り返した（Ponniah 2019）。収容の実態を書いたことで、以前にマヌス島内の刑務所に8日間拘束されたことがあったからだ。そのときは無罪放免となったが、釈放後に執筆活動を止めるように言い渡されていた（Doherty 2015）。

No Friend but the Mountains: Writing from Manus Prison（邦訳『山よりほかに友はなし――マヌス監獄を生きたあるクルド人難民の物語』明石書店　図 6-3）と題するこの著作には、自身のインドネシアからの密航に始まり、クリスマス島を経てマヌス島に送られ、イラン人の収容者が犠牲となった2014年2月の暴動事件までの体験や収容施設での日々の出来事が幻想的かつ叙事詩的に綴られる。散文と韻文を併用し、その内容は回想録にとどまらない際立った特徴を持つ。そこには文学と政治論評、さらには哲学的、精神分析学的な考察が融合し、クルド、ペルシャ、マヌスの神話や叙事詩、民間伝承などの要素も織り込まれている。こうした独自のスタイルを、訳者のトフィギアンはどのジャンルにも収まらない「反ジャンル（anti-genre）」で、現実と夢を融合し、自然環境や恐ろしい出来事を再想像する創造的な方法として「恐るべきシュールレアリスム（horrific surrealism）」と表現している[19]（Boochani 2018a: 367; Tofighian 2018）。

▶19　他の収容所文学や難民文学と比較しつつ、文学的な視点からこの著作の意義を考察した論考として、加藤（2019）を参照。

注目すべきは、彼が「マヌス監獄」と呼ぶ収容施設の体制を支える権力と支配、服従の複雑な統治の構造について「キリアーカル・システム（kyriarchal system）」[20]の概念を援用しながら鋭く観察していることだ。これはルーマニア出身のドイツ人でフェミニスト神学者のシュスラー・フィオレンツァ（Elisabeth Schüssler Fiorenza）が提唱した概念で、彼女はジェンダーによる抑圧が家父長制を超えて、人種や階級、身体能力、植民地支配、軍国主義といった他の支配による社会ステムと複合的に交差しながら生み出され、永続的に強化、複製されていく状況を解き明かした（Schüssler Fiorenza 1992）。

図 6-3 *No Friend but the Mountains: Writing from Manus Prison* の邦訳書、明石書店

マヌスの収容施設ではオーストラリア人、パプア人の「看守」、そして「囚人」という上下関係が固定化され、相互の敵対心と緊張が生まれる。オーストラリア人によって、「看守」は「囚人」がテロリストとだと教えられ、「囚人」はマヌスの人々が野蛮な人喰い人種であると聞かされている。もっとも、パプア人の「看守」と「囚人」たちのあいだには、ときにオーストラリア人の目を盗んで共犯関係的な交流が生まれることも、ブチャーニーは描いている。他方で「囚人」たちは、食料、水、汚れたトイレ、薬など、あらゆるものを得るために、常に長い行列に並び、競い合うことを強いられる。だが、決して満足のいく十分な量を得ることはできない（Bouchani 2018a）。「囚人」たちは名前ではなく番号で呼ばれることによって非人間化され、性的虐待や独房への監禁と

▶ 20 「キリアーキー」は、ギリシャ語の「主」または「マスター」（kyrios）と「支配または被支配」（archein）に由来する造語である。

いった明白な暴力に加えて、希望の見えない無期限の収容という暗黙の暴力によって人としての尊厳や精神の健康が蝕まれていく様子が描かれる。

さらにブチャーニーの慧眼として触れておくべきは、「マヌス監獄」の問題を、二つの植民地主義との連続性から捉え直していることだ。ある対談で、彼はマヌスの人々とクルド人とのあいだに植民地主義の影響において共通性を見出したと語り、PNG の歴史とクルド人の被支配の歴史を重ね合せる（Zable 2017b）。PNG はかつてオーストラリアの占領や統治を経て、1975 年に独立するまで同国を施政権者とする国連の信託統治地域であった。こうした関係抜きに、豪政府は国外収容施設を PNG に容易に押し付けることはできなかっただろう。▶21 また、そもそもオーストラリアという国家自体が白人による入植によって建国されたものであり、その過程で迫害された先住民や社会にとって好ましくないとされた主として非白人は、見えない空間に隔離・監禁されてきた（Nethery 2012）。『山よりほかに友はなし』の執筆は、これらの延長線上にある「新植民地主義的な実験としての監獄」を白日の下に晒し、「脱植民地主義的な介入」を目指す試みであったと、訳者のトフィギアンはその序文で述べている（Boochani 2018a: xxvi）。

トフィギアンはじめ多くの識者と対話を重ね考察を深めながら執筆を進め、支援者らの協力によって生まれたこの著作は、後述するように大きな反響をもたらすことになる。

第 4 項　収容施設での立てこもり
―― 「真の自由」のための「詩的パフォーマンス」

『山よりほかに友はなし』の翻訳原稿が完成し、シドニーで印刷の準備に入ろうとしていた 2017 年 11 月、ブチャーニーはこれまで過ごした収容施設からの移動を拒む抵抗運動の最中にいた。PNG の最高裁によるマヌス島の収容施設に対する前年の憲法違反判決を受け、翌年 5 月に島内の 24km 離れたロウレンガウに設けられた施設への収容者の移送が開始され、現在の収容施設が閉鎖される 10 月末までに全員の移送が完了することになっていた。しかしながら、

▶21　他方、ナウルは 1968 年に独立するまで、オーストラリア、ニュージーランド、イギリスを施政国とする国連信託統治地域であった。

400人以上の収容者たちが、移動先での身の安全と設備への不安（当時、新たな施設はまだ建設途上であった）とともに自由と第三国での定住を訴え、電気、水、食料の提供が停止された中で居残り続けたのである（Koziol and Hunter 2017）。それを主導した1人がブチャーニーであり、その間の出来事をリアルタイムにフェイスブックや新聞に投稿し続けた。彼らに同情して食料を届けに来た地元の人々は警察に追い返され、収容者たちが掘った井戸は当局によってゴミや油で汚され、パイプやポンプも破壊された（Doherty and Davidson 2017）。

　政治学者のマクネヴァン（Anne McNevin）も指摘するように、一見すると、彼らがこれまでの耐え難い収容施設から、より自由度の増す新しい施設への移転を拒んでいることは不可解に映るかもしれない（McNevin 2022: 212）。しかし、抵抗運動の目的は施設の改善という問題ではなく、何よりも「真の自由」を求めることであったと、後にブチャーニーは語っている（Zable 2017b）。ロウレンガウの新たな施設では行動の自由度は多少増すが無制限ではなく、いわんやマヌス島から出ることは許されない。最高裁判所の違憲判決にもかかわらず、収容者の拘禁や監視は今までと大差なく続くのである。彼らの非暴力・不服従の平和的な抵抗と、それを力付くで阻止しようとする当局側とのあいだで3週間におよぶ激しい膠着状態が続いた後、収容者たちは全員、棍棒などを手にしたPNG当局によって追い立てられ、強制的に新たな施設に移送された。このときに負傷した人も少なくなかった（Thomas 2017）。こうした彼らの施設から施設への移動について、マクネヴァンは「まさに暴力と支配の関係が明示的かつ顕著に現れた瞬間」であったと述べている（McNevin 2022: 214）。

　ブチャーニーは、この「地獄のように」過酷な3週間の抵抗を振り返り、脱水症状や飢餓、不眠などで死と隣り合せの状況でありながらも、収容施設内のヒエラルキーや規則から解放され、初めて自由にみずからの生を支配できたことに大きな感動を得たと語っている（Zable 2017b）。この言葉は、収容施設の常識を超えた実態を如実に示していよう。彼らの抵抗運動は、毎晩集会を開いて意見や戦略について議論し、投票で行動の方向性を決定するという慎重なプロセスで行われた。また、活動中のどの段階においても収容施設を去ることを選択した人がいれば、その人を非難しないという約束を全員で交わしていた（Boochani 2018b: 14-15）。それは、ブチャーニーにとっては「愛と平和と人

間性の共和国」であり、運動を通じて「私たちは人間であり、生きる権利があることを宣言したかった」とも語っている（Zable 2017b）。そして特筆すべきは、この抵抗運動を「深淵な詩的パフォーマンス」とさえ表現していることだ（Boochani 2018b: 20）。

第5項 『山よりほかに友はなし』の反響と出国

　ブチャーニーがロウレンガウの新たな施設に強制的に移動させられた翌年の8月に『山よりほかに友はなし』が刊行されると、この本はオーストラリアの文壇で大きな賞賛を持って迎えられた。2019年1月には、国内で最高の賞金額を誇るヴィクトリア州文学賞（Victorian Prize for Literature）およびヴィクトリア州首相ノンフィクション賞（Victorian Premier's Literary Prize for Non-Fiction）を受賞する。これらの賞の目的は優れたオーストラリアの物語を顕彰することにあり、規定上、選考対象者はオーストラリア国民または永住者に限定されている。にもかかわらず、ブチャーニーの受賞が選考委員会において全会一致で決まったのは、審査員たちが、マヌス島で起こっていることは「まさしくオーストラリアの物語であり、我々の経験の一部であり、我々が共有し、認識すべきと判断した」からだという（Young 2019）。

　各方面からの受賞も相次ぎ、同じ年の4月にはニューサウスウェールズ州首相文学賞の特別賞（Special Award in the New South Wales Premier's Literary Awards）、5月にはオーストラリア書籍産業賞（一般ノンフィクション部門）（Australian Book Industry Award（ABIA）for General non-fiction book of the year）、さらに8月には全豪バイオグラフィー賞（National Biography Award）なども受賞した。

　ところで、収容の実態を詳細に描いた著作によってブチャーニーがこれほどまでの名声を得ることは、同時にマヌス島での自身の安全が脅かされる危険が高まることを意味した。最初の受賞から3か月後、オーストラリアのメディア・エンターテインメント・芸術同盟（Media, Entertainment and Arts Alliance; MEAA）は、彼の身の安全を懸念し、マヌス島からの解放とオーストラリアで

の定住を求める #FreeBehrouz キャンペーンを立ち上げた[22]。

　実のところブチャーニー自身は、オーストラリアがアメリカと結んだ協定に基づく渡米に期待を抱いていた。この協定は、豪政府が 2016 年 11 月に当時のオバマ政権と交わしたもので、ナウルとマヌス島にいる難民認定者を、1,250人を上限にアメリカが受け入れるというものである[23]。翌年 2 月にトランプ政権に移行したことでその実現が危惧されたが、17 年 9 月以降、徐々にアメリカに出発する人たちが増えていった。しかし、ブチャーニーは自身の渡米に向けた進展がないまま、19 年の 9 月、マヌス島における収容の完全撤廃に向けた PNG 政府の方針により、他の収容者とともに首都ポートモレスビーに移送される。

　その頃、ブチャーニーの第三国への出国に向けた計画が本人と支援者たちによって極秘かつ慎重に進められていた。世界中の文学関係イベントから招聘の声がかかる中で、ニュージーランドで開催されるワード・クライストチャーチ・フェスティバルにゲスト講師として参加する可能性が浮上する。PNG からニュージランドへの出入国をめぐる手続きにおいて UNHCR とアムネスティ・インターナショナルが動いたことで、計画は大きく進展した。ブチャーニーの拘束や出国の妨害を避けるために、計画はごく一握りの人たちだけに共有され、出発の最後の瞬間まで伏せられたという（Doherty 2019）。

　2019 年 11 月、ブチャーニーがニュージーランド政府から 1 か月の観光ビザを得て、ポートモレスビーの空港から飛び立ったとき、マヌス島に収容されてから 6 年 3 か月もの年月が経っていた。この時点でも豪米の協定に基づく渡米の決定は降りておらず、出国したことによって否認される可能性を考えたブチャーニーは、クライストチャーチに滞在中、ニュージーランド政府に難民認定の申請を行った。翌 20 年の 7 月、申請が認定され、以降、国内外の大学の客員を務めながら、難民やマイノリティの人権問題に関する執筆や講演活動と

▶ 22　https://www.meaa.org/news/writers-and-journalists-call-for-award-winning-author-to-be-freed-from-manus/（最終閲覧日：2024 年 10 月 10 日）.
▶ 23　豪政府は公表していないが、コスタリカのキャンプから中南米出身の難民をオーストラリアが受け入れることが交換条件となっているという。豪米の協定については以下を参照。https://www.kaldorcentre.unsw.edu.au/sites/kaldorcentre.unsw.edu.au/files/factsheet_US_resettlement_deal.pdf（最終閲覧日：2024 年 10 月 10 日）.

ともに創作活動も活発に行っている。23年2月には渡豪を果たし、キャンベラの連邦議会場において講演を行い、同国の庇護希望者に対する収容政策を厳しく批判した。

第3節　抵抗としての創作活動

　2013年7月19日以降に到来した庇護希望者は、たとえ難民認定されてもオーストラリアには受け入れないという豪政府の決定がなされて以降、マヌス島やナウルに送られたのは3,000人を超える。そのうち、ドラニやブチャーニーのように、オーストラリア国内外の有力な組織や支援者の尽力により個別に出国できたケースは極めて異例であった。本稿では取り上げなかったが、他には唯一、2013年にマヌス島に収容されたスーダン出身のアブドゥル・アジス・ムハマット（Abdul Aziz Muhamat）がいる。彼は収容施設の改善や収容者の訴訟などに尽力しながら、収容の実態をWhatsAppを使った4,000通以上のボイス・メッセージによってジャーナリストに伝え、それらはポッドキャスト *The Messenger* として公開された。オーストラリア国内外の複数の賞に加えて、19年2月にはスイスの財団よりマーティン・エナルズ賞（Martin Ennals Award）を受賞し、授賞式に招待されたスイスで難民認定申請を行い、認められた（ABC News 2019）。なお、彼は先述した17年11月の収容施設での立てこもりによる抗議運動をブチャーニーとともに率いた一人でもある。豪当局は彼らの出国を阻止することができたかもしれないが、国際機関などが支援し注目する中で、民主主義国家としての体裁を保つために黙認したと考えられよう。

　オズグクは「ノイズの主体」による抵抗運動として、デモやストライキ、脱走、自殺未遂なども挙げている（Ozguc 2020: 87）。付け加えるならば、収容者

▶24　現在までにPNGからもナウルからもすでに多くの収容者が祖国へ帰還するか、豪政府との協定や合意に基づきアメリカやニュージーランドなどに出国したが、依然として現地に残された人たちもいる。なお、1,000人以上の収容者が治療目的でオーストラリアに搬送され、その多くが現在は同国の地域社会で暮らしているが、豪政府はかれらに永住を認めない姿勢を貫いている。出国先の人数等、詳しくはRefugee Council of Australia（2024）を参照。

の訴訟による裁判闘争も当局にとっては厄介な「ノイズ」に他ならないだろう。他方で、アートないしは芸術の影響力を測ることは困難とはいえ、ドラニやブチャーニーが国際的にこれほどまでの注目を集め、マヌス島から出国できたのは、彼らの創作活動に負うところが大きいと言える。ドラニにとって、絵を描く当初の目的は何より収容中に悪化していく自身の強迫症を抑えることであった。ブチャーニーにとっても、自著で「監獄が与えるあらゆる苦痛を克服し、生き延びることができるのは、創造性を発揮する者だけだ」（Bouchani 2018a: 128）と記しているように、創作活動は自身が収容の苦難を堪えるための拠り所となった。こうしたみずからのために創作された作品は、同時に、国内外のアーティストや作家のネットワーク、さらにはメディアを動かし、彼らの支援と収容に反対する大きなうねりをもたらした。「創作は抵抗である」というコンセプトのもと、オーストラリア国内外の収容施設を体験した作家やアーティストらによる発信のウェブサイト Writing Through Fences を主宰するガルブレイスが、二人を支えたことも大きい。[25]

　特筆すべきは、ジャーナリストであるブチャーニー自身がジャーナリズムの限界を認識し、アートないしは芸術の力に大きな期待を寄せていることである。彼は『チャウカ、時を告げてくれ』について、ドキュメンタリー映画ではなく芸術作品として観るように呼びかけている（Galbraith 2019: 194）。また、『山よりほかに友はなし』を訳者のトフィギアンが「恐るべきシュールレアリスム」と称する独特の語りで執筆した理由について、万人に理解可能な表現や概念を使うジャーナリズムでは、ブチャーニーが「マヌス監獄」と呼ぶ収容施設の特質を分析し、表現することはできないとも述べている（Boucharni 2018: xv）。

　ドラニの場合も、風刺画や漫画という表現形式ゆえに注目されたことは論を俟たない。2016年12月、スーダン出身の亡くなったマヌスの収容者に関する漫画が主要紙『ガーディアン』紙に掲載されたが、メディア研究者のハンフリー（Aaron Humphrey）はこれが単なるテキストだったならば、同紙に載ることはなかっただろうと述べている。しかも、その作品にはマヌスの収容施設に特有の語や略語が使われ、ドラニの英文法も特異なものであったが、修正なしで掲載されたことも異例であった。漫画家 Eaten Fish は、他の漫画家た

▶25　Writing Through Fences については、https://www.writingthroughfences.org を参照。

ちの支援活動によって主要紙で発言する文化資本を得たのである（Humphrey 2020: 450）。

　ドラニやブチャーニーの解放とオーストラリアへの受け入れ、収容施設の廃止を訴える市民のデモもオーストラリア各地で広がった。たとえば2017年2月にドラニがハンガーストライキを行った際にはメルボルンの難民支援組織によって、ドラニの絵と Save Eaten Fish! の文字を掲げた抗議活動が行われた（Ifex 2019）。同年10月にブチャーニーらがマヌス島の収容施設で立てこもりを行った際にも、キャンベラの連邦議事堂の前やシドニーなどで、多勢の人々が交差した両腕を挙げて彼らに連帯を示す抗議集会が開かれた（Zable 2017b）。

おわりに

　結果的に、豪政府はドラニやブチャーニーを難民として受け入れたわけでも、国外難民収容政策を中止したわけでもなかった。豪政府は、収容を憲法違反としたPNGとの協定を終了したものの、ナウルとの協定は継続し、2023年9月以降9年ぶりに密航による庇護希望者をナウルに送り始めている。

　それでも、彼らは「ノイズの主体」として多くの人々や組織を動かし、それによって更なる新たな「ノイズ」を生み出しながら国境管理の暴力に抗い、収容というシステムや秩序を揺るがしたと言える。秘匿された過酷な収容の実態についての当事者の経験や語りが、文字による証言だけでなく、漫画や映像、さらには文学という形式で表現されたがゆえに「ノイズ」の拡大と拡散を促した影響力を看過することはできない。

　加えて、ブチャーニーによる収容施設を統治する「キリアーカル」な支配のシステムや、国外難民収容政策を支える新たな植民地主義に関する洞察は、「マヌス監獄」に留まらず、現代世界で起こっていることへの鋭い問題提起として受け止めるべきだろう。

　最後に強調しておきたいのは、収容というシステムが難民の人としての尊厳と「当事者性」をいかに踏み躙るものであるのかという冷徹な現実である。

＊本章は日本学術振興会科学研究費基盤研究（C）課題番号 20K12351 の成果の一部であり、2022 年 10 月 31 日の日本国際政治学会研究大会（於 仙台）における報告および飯笹（2023）に基づいている。

❖ 参考文献 ❖

アガンベン，ジョルジョ（2007 =2003）『ホモ・サケル——主権権力と剝き出しの生』高桑和巳訳，以文社．
飯笹佐代子（2018）「オーストラリアのボートピープル政策とバリ・プロセスの展開——難民保護をめぐる攻防」『国際政治』第 190 号：97-113.
飯笹佐代子（2023）「マヌス島からの抵抗——収容されたクルド人難民ベフルーズ・ブーチャーニの創作活動とその影響」『青山総合文化政策学』第 14 巻 1 号：1-28.
飯笹佐代子（2024a）「マヌス島からの発信——フェンスを超えるアート」飯笹佐代子・鎌田真弓編『移動と境界——越境者からみるオーストラリア』昭和堂．
飯笹佐代子（2024b）「難民を翻弄するオーストラリアの境界政治——収容の海外移転・新植民地主義・新自由主義」吉原直樹・飯笹佐代子・山岡健次郎編『モビリティーズの社会学』有斐閣．
加藤めぐみ（2020）「山よりほかに友なき難民——ベフルーズ・ブーチャーニの難民収容所文学試論 I」『南半球評論』第 35 号：33-45.
セール，ミッシェル（1983）『生成——概念をこえる試み』及川馥訳、法政大学出版会．
フーコー，ミシェル（2008）『生政治の誕生』（コレージュ・ド・フランス講義 1978-79）ミシェル・フーコー講義集成〈8〉慎改康之訳，筑摩書房．
ABC News (2019) "Flight from Manus: 'The Messenger' Tastes Freedom," September 30（最終閲覧日：2024 年 10 月 10 日）.
Boochani, B. (2018a) *No Friend but the Mountains: Writing from Manus Prison*, Sydney: Pan Macmillan Australia（『山よりほかに友はなし——マヌス監獄を生きたあるクルド難民の物語』オミド・トフィギアン（英訳），一谷智子・友永雄吾監修監訳，明石書店，2024 年）.
Boochani, B. (2018b) *A Letter from Manus Island*, Adamstown: Borderstream Books.
Bourke, L. (2014) "Manus Island Riot: Independent Report by Robert Cornall Details Deadly Detention Centre Violence," *ABC News*, May 26（最終閲覧日：2024 年

10 月 10 日）.

Crock, M., B. Saul and A. Dastyari (2006) *Future Seekers II: Refugees and Irregular Migration in Australia*, Annandale: The Federation Press.

Doherty, B. (2015) "Day of the Imprisoned Writer: Behrouz Boochani: Detained on Manus Island," *The Guardian, November 14*（電子媒体、最終閲覧日：2024 年 10 月 10 日）.

Doherty, B. (2019) "A Long Flight to Freedom: How Refugee Behrouz Boochani Finally Left His Island Jail Behind," *The Guardian,* November 14（電子媒体、最終閲覧日：2024 年 10 月 10 日）.

Doherty, B. and H. Davidson (2016) "Cartoonists Draw Tributes in Campaign for Freedom of Refugee Artist Held on Manus," *The Guardian,* July 27（電子媒体、最終閲覧日：2024 年 10 月 10 日）.

Doherty, B. and H. Davidson (2017) "More than 300 Men Still in Manus Detention Centre After PNG Attempt to Move Them," *The Guardian,* November 23, 2017 （電子媒体、最終閲覧日：2024 年 10 月 10 日）.

Expert Panel on Asylum Seekers (2012) *Report of the Expert Panel on Asylum Seekers*. Australian Government.

Galbraith, J. (2019) "A Reflection on *Chauka, Please Tell Us the Time*," *Alphaville: Journal of Film and Screen Media*, 18: 193-198.

Green, M., A. Dao, A. Neville, D. Affleck and S. Merope eds. (2017) *They Cannot Take the Sky: Stories from Detention*, Crows Nest: Allen and Unwin.

Humphrey, A. S. (2020) "Drawing out of Detention: The Transnational Drawing Practices of Eaten Fish, Refugee Cartoonist," *a/b: Auto/Biography Studies* , 35(2): 435-458.

Ifex (2019) "After Four Years of Detention on Manus Island Refugee Camp, Cartoonist Eaten Fish is Now Free,"（最終閲覧日：2024 年 10 月 10 日）.

Koziol, M. and F. Hunter (2017) "PNG Authorities Enter Manus Island Processing Centre, Amid Reports of Violence," *The Sydney Morning Herald*, December. 23 （最終閲覧日：2024 年 10 月 10 日）.

Lang, O. (2017) "The Asylum Detainee Who Shot a Film in Secret," *BBC News*, April 21 （電子媒体、最終閲覧日：2024 年 10 月 10 日）.

McNevin, A. (2022) "Against Crisis: Violence and Continuity in Manus Island Prison," in Digier F. and H. Axel eds., *Crisis Under Critique: How People Assess, Transform, and Respond to Critical Situations*, New York: Columbia University Press.

Ozguc, U. (2020) "Borders, Detention, and the Disruptive Power of the Noisy-Subject," *International Political Sociology* 14: 77–93.

Ponniah, K. (2019) "Behrouz Boochani: Refugee Who Wrote Book Using WhatsApp Wins Top Prize," *BBC News,* January 31（電子媒体、最終閲覧日：2024年10月10日）.

Rae, M., R. Holman and A. Nethery (2018) "Self-represented Witnessing: The Use of Social Media by Asylum Seekers in Australia's Offshore Immigration Detention Centres," *Media, Culture and Society,* 40(4): 479–495.

Rajaram, P. K. and C. Grundy-Warr (2004) "The Irregular Migrant as Homo Sacer: Migration and Detention in Australia, Malaysia, and Thailand," *International Migration,* 42(1): 33–63.

Refugee Council of Australia (2024) "Offshore Processing Statistics," https://www.refugeecouncil.org.au/operation-sovereign-borders-offshore-detention-statistics/（最終閲覧日：2024年10月10日）.

Schüssler Fiorenza, E. (1992) *But She Said: Feminist Practices of Biblical Interpretation,* Boston: Beacon Press.

Slezak, M. (2016) "Eaten Fish: Iranian Asylum Seeker and Cartoonist's Refugee Claim Rejected," *The Guardian,* December 20, 2016（電子媒体、最終閲覧日：2024年10月10日）.

Tofighian, O. (2018) "Truth to Power: My Time Translating Behrouz Boochani's Masterpiece," *The Conversation,* August 15, https://theconversation.com/truth-to-power-my-time-translating-behrouz-boochanis-masterpiece-101589（電子媒体、最終閲覧日：2024年10月10日）.

Tofighian, O.(2019) "Chauka Calls — A Photo Essay," *Alphaville: Journal of Film and Screen Media,* 18: 205–217, https://www.alphavillejournal.com/Issue18/HTML/Dossier2Tofighian.html（電子媒体、最終閲覧日：2024年10月10日）.

Thomas, A. (2017) "Manus Island Refugee: 'I was Beaten with Iron Bars'," *Al Jazeera,* December 27（電子媒体、最終閲覧日：2022年9月1日）.

Young, E. (2019) "How a Man Detained on Manus Island Won Australia's Richest Literary Prize," *SBS News.* Archived from the original on February 1（電子媒体、最終閲覧日：2024年10月10日）.

Zable, A. (2017a) "From Manus to London: How Two Strangers Made a Landmark Movie Together," *The Sydney Morning Herald,* October 5（電子媒体、最終閲

覧日:2024 年 10 月 10 日).

Zable, A. (2017b) "'This Republic Breaks All Borders': A Dialogue with Behrouz Boochani on Manus," *The Sydney Morning Herald*, December 22(電子媒体、最終閲覧日:2024 年 10 月 10 日).

第7章
当事者性の分析視座からみる UNHCRによる社会的結束支援
――緒方貞子の「共生を想像する」プロジェクトから持続的平和まで

小林 綾子（上智大学）

はじめに

　武力紛争や暴力の発生と、それに続く社会的混乱や生活の困窮に伴って、紛争発生国で人々が移動を余儀なくされ、難民や国内避難民となる。紛争経験国ではその後、紛争から平和に向けた動きの中で、難民や国内避難民が、元いた地域に帰還あるいは新しい土地に再定住する。本章では、紛争の影響で移動を余儀なくされたこのような人々を広く難民と定義する。そのうえで、UNHCRが難民の帰還先や再定住先でコミュニティ再構築支援にかかわった、現在では社会的結束支援といわれる事業を、当事者性の観点からとらえ直す。

　まず第１節で、当事者性研究や近接分野の先行研究から、当事者性を分析する三つの視座を提示する。(1) 当事者性を発揮する行動基準を、過去、現在、未来のいずれに置くか、(2) 当事者性を積極的に発揮するのか、あえて発揮を控えるのか、(3) 平和へ向けた「良い」当事者性の発揮か、逆方向に作用する「悪い」当事者性か、中間にある「複雑な」当事者性か。第２節では、UNHCRが行った初期の社会的結束支援の事例として、1990年代後半から2000年代はじめにかけて、当時国連難民高等弁務官であった緒方貞子が主導した「共生を想像する」事業について、構想と実施経緯についてまとめる。第３節では、「共生を想像する」事業実施国となったボスニア・ヘルツェゴビナとルワンダに注目し、UNHCRアーカイブ等を用いて、帰還民を含む現地の

人々が、紛争後に日常生活を取り戻すまでにどのような当事者性を発揮したかを論じる。第4節では、第1節で示した当事者性の分析視座を用いることで、緒方が構想した「共生を想像する」事業で想定された当事者性と、現地の人々が発揮した当事者性の乖離を指摘する。これにより、今日話題となっている社会的結束や持続的平和を掲げた国際援助に求められる見方を提示する。

第1節 「当事者性」の分析視座

　国際関係論では、難民の当事者性（agency）を分析する視座はほとんど準備されていないといって過言ではない。伝統的には世界システムを見るマクロな分析にはじまり、国家レベル、個人レベルと分析レベルをミクロに移しても、分析対象は政治エリート、それも大国の政治エリートが主眼である。批判理論研究や地域研究に根差した考察を除いては、アフリカなどの地域機構、国家、政治指導者らの行為主体性でさえ、ようやく議論されるようになってきたところである（Beswick and Hammerstad 2013）。ましてや、欧米中心の国際関係における「周辺」に位置する国々を出身とする、またはそうした国々にいる、かつ政治の世界での意思決定にもっとも遠い存在と予想される、難民を含めた紛争影響下の人々が、当事者性の分析対象とされることはほとんどない。
　こうした国際関係論の現状に鑑み、以下で別分野の先行研究も参照し、当事者性の定義と行動基準等を提示し、続く事例研究の分析視座とする。

第1項 当事者性／行為主体性の定義

　本書で agency は当事者性と表現される。当事者性は、「主体的に判断、選択し、行動できる自己決定能力」（第1章、32頁）と定義される。国連開発計画が発表した『人新世の脅威と人間の安全保障』日本語訳版では、agency に「行為主体性」の訳語があてられている。同報告書は、セン（Amartya Sen）の定義に従い、行為主体性を「行動し、変化をもたらす人のことであり、何らかの外部的な基準によっても評価されるか否かに関係なく、その成果を自分自身の価値観や目標に照らして判断できる」とする（国連開発計画 2022: 67）。

第2項　当事者性の分析視座

難民研究や紛争研究、あるいは当事者性／行為主体性研究に目を転じると、当事者性概念が様々に整理されてきたことがわかる。包括的ではないが、**表7-1**に本章で使用する三つの視座を示した。以下、三つの視座をそれぞれ説明する。

表7-1　当事者性／行為主体性の分析視座

行為の判断基準	過去	現在	未来
作為／不作為	積極的行為主体性		消極的行為主体性
行為の評価	「良い」当事者	「複雑な」当事者	「悪い」当事者

出典：筆者作成。

(a) 時間に依拠する行為主体性

第一に、時間軸で考え、過去、未来、現在、のどこに行為主体性を発揮する基準を置くのかによって整理する研究がある。社会学を中心に頻繁に参照されるエミルバイヤーとミシェ（Emirbayer and Mische 1998）は、過去の習慣や経験と紐づけて選択・決定をする「反復的側面」、想像する未来や可能性を起点として現在の選択・行動を決定する「投影的側面」、そして不確実性や突然の変化を伴う現在の状況に即した反応である「実践的・評価的側面」の3側面をあげる。エミルバイヤーとミシェは、当事者の決定は過去の経験に依拠していることだけが想定されてきた点を批判し、行為主体性には、過去に加え、未来志向あるいは現在への即応による決定や行動もあることを説明した。

(b) 積極的／消極的な行為主体性

第二に、積極的な行為主体性と消極的な行為主体性がある。行為主体性という名称および定義を聞くと、何かを「する」という積極的な決定や行動（作為）が想起される傾向にある。しかし、何かを「しない」という決定・行動（不作為）も行為主体性の発揮である。後者を消極的な当事者性／行為主体性（negative agency）と呼ぶ（Clarke 2022）。

(c) 複雑な当事者性

　第三に、当事者性／行為主体性の発揮は常に「良い」ことなのかと疑問を呈する研究がある。難民の自立や自決、その他、みずからの生きる環境や社会をより良くしようとする自主的な営みを想定した「良い」当事者性／行為主体性は、しばしば議論されてきた。対極にある「悪い」行為主体性の発揮の例として、難民戦士（refugee warriors）や軍事化した難民（militarized refugees）、反乱軍の難民（rebel refugees）（Suhrke 1989; Lischer 2005; スターンズ 2024: 46）といった問題が提起されてきた。

　これらのあいだを見つめる視点として、複雑な被害者性（complex victimhood）研究が参考になる。難民や紛争影響下にある人々は「良い」当事者性を発揮するものだ、と研究者ら外部の者が期待することを「理想的被害者」像と批判し（Golubović 2022）、「良い」と「悪い」当事者性のいずれにもあてはまらないグレーゾーンに目を向ける。たとえば、ウガンダでは、国際刑事裁判所（ICC）が反乱軍である神の抵抗軍（LRA）に対し戦争犯罪の捜査開始を発表すると、LRAに誘拐された子どもたちの親は、手放しで歓迎できなかった。自分たちの子もLRAの殺害等に関与させられた可能性があるため、ICCの捜査結果が我が子の安全な帰還を左右しうると懸念したためである（Baines 2016）。同様に、「避難させられることは苦しみの一つの形態だが、移動する人々が、自己の避難を起こした暴力との関係において、様々に異なる立場をとりうることも認識する必要がある」（Golubović 2022: 1347）とは、難民らの当事者研究にもあてはまる指摘といえる。

第3項　三つの分析視座による当事者性事例研究の再整理例

　以上の三つの観点で、紛争研究や難民研究で分析された当事者性の事例を整理してみよう。内戦下のシエラレオネで若者がダイヤモンドの採掘労働をみずから選んだり、リベリアで武装解除された元兵士がみずから再動員されることを選択する例があった。こうした文脈では、しばしば経済的苦境から若者がブラッド・ダイヤモンドと呼ばれるような武器調達のための取引の一部に関与したり、武装勢力に加わったりする、といった説明がなされてきた。しかし、別の先行研究によれば、シエラレオネやリベリアの若者たちは、生計を立て

るための収入源を確保することはもとより、「誰かのためになる」という、生存（survival）以上の人生の意味を想像し行動することで、「社会的な死（social death）」を避けようとすることがある（Bøås 2013）。表7-1を用いて整理すれば、この例は、未来を想定した、積極的、かつ複雑な当事者性／行為主体性発揮の事例と整理できる。

別の例では、ソマリア出身の女性難民が、暴力的かつ家父長制的な環境下で、いつ声を上げ、いつ沈黙を保つかをみずから決定するとともに、他の女性難民とのネットワーク化で行為主体性を強化するという研究がある（Thompson 2013）。沈黙を保つ決定は消極的行為主体性である。みずからを守るための「良い」行為主体性と判断でき、かつ過去の経験および現在の状況に応じた当事者性／行為主体性の発揮といえる。

以上の例からも明らかなとおり、難民を含み、紛争等でしばしば弱者として扱われる人々の当事者性を考える場合には、こうした人々はいつも受け身であって、自分で決定や行動ができないというイメージから脱することが必要である。さらに、人々が当事者性を発揮する場合には、必ずしも常に（1）過去の経験に基づき、（2）積極的（作為的）かつ（3）「良い」当事者性／行為主体性を発揮するというイメージにとらわれないことも重要である。

第2節　緒方貞子・国連難民高等弁務官による「共生を想像する」事業の構想

難民らを中心に据えた国際援助を評価する際にも、当事者性の分析視座を用いて考えることができる。本節では、その一つの例として、今日国際援助業界で注目される社会的結束に関する先駆的取り組みである、緒方貞子・国連難民高等弁務官の「共生を想像する」事業の構想をまとめる。

緒方は、国際政治学の研究者を経て、1991年から2000年に国連難民高等弁務官、2001年から2003年には人間の安全保障委員会共同委員長を務めた人物として知られている。緒方は、UNHCRでの勤務期間を「自発的帰還の10年」と言い表し、難民の帰還を促進した。緒方自身、UNHCR時代に共生支援を考えた経験が、その後人間の安全保障の概念化の素地になったとも振り返る（野

林・納家 2015: 165)。変化する国際政治情勢の中で、難民にとっての安全保障や紛争後の復興や平和構築の一歩手前の段階として共生に目を向けた。

当事者性／行為主体性という観点から緒方の共生構想をまとめると、共生を想像できるという未来、積極的行為主体性、そして「良い」当事者像が想定されていた。

第1項　自発的帰還の10年

緒方は、1990年代前半、みずからの任期を「自発的帰還の10年」と言い表した（Betts et al. 2012: 50）。なぜ難民の帰還が提唱されたのか。冷戦中、西側諸国は東側からの難民を保護したが、冷戦終結とともに、西側諸国では難民を自国にとどめる政治的関心が薄れた。難民は帰還するべきだという前提で、紛争影響国の国家再建や平和構築に支援の軸をシフトしていった。この文脈において、UNHCRは、難民を避難先の国で支援するという難民保護活動から、難民の帰還を支援する活動へと変更を求められるようになった。

自発的帰還は、UNHCRが推進する難民に対する三つの解決策の一つである。原則上は、難民は、帰還、庇護国定住、または出身国でも庇護国でもない第三国への定住のいずれかを選択できる。現実には、多くの場合、選択は難民の意思に基づくものではなく、潜在的な受け入れ国の難民政策の影響を受けてきた。1980年代までは、難民は共産主義国や脱植民地化の過程で解放闘争が続く国から逃れることが多かった。そのため、難民は、庇護国にとどまったり、新たに国が独立した後に帰還したり、第三国に再定住することになった（Ogata 1992）。1970年代から1980年代、難民の帰還はすでにUNHCRで話題に上っていたが、出身国に帰還する難民の数が比較的少なかったことや、帰還先の国で和平合意が確立したり、法制度が整っているなど比較的安定した環境があった（UNHCR Archive n.d.）。

1990年まで帰還民が年間50万人を超えることはなかったが、1991年には200万人を超え、1991年から1996年のあいだに900万人の難民が本国に帰還した（UNHCR 2000: 151; Bets et al. 2012: 51）。西側諸国による国際援助政策の変化に加えて、難民の中に武装集団関係者がいるなど、難民発生国の周辺にある受け入れ国は徐々に難民をテロや犯罪と結びつけて安全保障上の脅威として扱

うようにもなった。受け入れ国も難民の早期帰還を望んだ。難民の急増とともに、こうした西側諸国・難民発生国の周辺にある国々の政策の変化も相まって、緒方は1992年が「自発的帰還の10年」のはじまりだと述べた (Ogata 1992)。

UNHCRは帰還支援の課題に直面した。帰還させれば良い、というわけではなく、帰還先の国の社会経済状況をも考慮しなければならなくなった。難民帰還政策には批判が集まった。すべての難民が帰還を望むと仮定するのは誤りであり、実際には自主的ではなく強制的に、UNHCRによる安全性の十分な評価もないまま難民が本国に帰還することになったこと (Chimni 1999; Bets et al. 2012: 51)、UNHCRは難民の保護を最優先にすべきであるにもかかわらず、帰還を優先したこと (Takahashi 1997)、UNHCRの決定に応じた帰還民らが帰還後に死傷する被害を受けても、UNHCRが責任を問われることがなかったこと、などである。とくに1996年末、UNHCRとタンザニア政府がタンザニアからルワンダ難民の帰還に合意した際、人権団体はこの動きを厳しく批判した (UN Document 1997a; UN Document 1997b; Amnesty International 1997; Human Rights Watch 1997)。緒方はのちに失敗を認めたが、「難民の流出や庇護国での長期滞在が近隣国に紛争を広げるリスクがある場合、早期帰還を促進する政策は予防策として考慮されるべきだ」(Ogata 1997a, cited in Whitaker 2002) と述べ、限られた選択肢の中で、もっともましな政策を採用しなければならないとの考えを示した。こうした文脈の中で、緒方は、難民や帰還民にとっての、とりわけ帰還先のコミュニティあるいは社会の再構築について考えるようになった。

第2項　人間の安全保障につながった「共生を想像する」構想

緒方によれば、2000年代初めに人間の安全保障委員会で人間の安全保障概念について議論をする素地となったアイディアの一つに、UNHCR時代に実施した「共生を想像する」事業があった。緒方は、ハク (Mahbub ul Haq) やセンが提唱した人間の安全保障は経済面に注目したものであると批判し、UNHCRはそれとは別の人間の安全保障を追求してきたと述べた（緒方2008)。では、緒方あるいはUNHCR版の人間の安全保障とは、どのようなものであったのだろうか。ここで共生が重要概念として浮上する。

緒方は、1990年代前半から、人々の安全保障（personal securityやthe security of people）という表現を使用していた（小林 2023）。緒方が1993年から1994年にグローバル・ガバナンス委員会の委員を務めた際には、新しい安全保障概念の議論において、"the security of people"を強調し、この文言は報告書にも掲載された。会議の中で緒方は、国連は個人と国家は扱ってきたが、民族や宗教でまとまる集団としての人々のレベル（people level）は十分に扱ってこなかったことを批判した。緒方は、同様の議論を2000年代初めの人間の安全保障委員会の会議でも行った。以上のように、人間の安全保障の「人間」の部分について、緒方は、守るべき特定の集団（group）を念頭に置いていたことがわかる。

　では、人間の安全保障の「安全保障」の部分はどうか。緒方は、1997年に出した「難民の帰還と平和構築」と題する短い論考で、根本的には紛争影響国で人々が共通の「社会」意識を醸成することが、本人たちにとっての安全で平和な社会づくりになると主張し、以下の七つの点を指摘した（Ogata 1997b）。

1　「紛争後の復興」という表現は誤解を生みさえする可能性がある。戦争と平和のあいだにある様々な状況を細分化してみる必要がある。
2　紛争後に帰還民が武装化したり、危機後何年たっても自宅に戻れない難民がいる。紛争が終われば自然に苦しみがなくなるわけではなく、平和構築には難民や避難民にとっての正当な解決策が求められる。
3　平和構築と帰還は人権保障と復興だけでは達成されえない。社会が紛争によって根本から揺るがされ、集団的共生（group co-existence）が危機に瀕している場合、平和構築には何が社会かについての共通理解が図られる必要がある。かつその社会の概念は、国際社会でなく人々自身が持つものでなければならない。
4　平和構築には時間がかかる。集団間平和構築は信頼構築である。長期的な信頼構築には、癒し、平和教育や、真実の尊重を通じた寛容な雰囲気づくりが必要だ。
5　平和構築には真実と説明責任の発見が求められる。どのような状況においても説明責任と赦しが適切に混ざっていることが求められる。

6 平和構築では、初期の段階で目に見える平和の配当がもたらされなければならない。物理的な復興や経済の再活性化がなければ、新たな緊張を生みかねない。
7 平和構築には持続的かつ調整された国際関与が求められる。現地の人々や指導者らがみずからの未来に一義的責任を有するが、彼らは国際的な支援を必要とする。

　緒方は、1999年春、ミノウ（Martha Minow）が書いた『復讐と赦しのあいだ——ジェノサイドと大規模暴力の後で歴史と向き合う』（Minow 1998）の原著を偶然手にしたことがきっかけで、集団的共生を実現するための事業に着手することとなった。ミノウの主張は緒方の1997年の論考と近い。紛争や大規模暴力後に行われるのは、復讐（報復、裁き）か赦し（和解、忘却）かの二択と思われがちであるが、そのあいだにある選択肢を用いて歴史と向き合うことで、紛争経験者が対立を乗り越えていく重要性を掲げる。緒方はミノウに働きかけ、UNHCRとハーバード大学およびフレッチャースクールとの協働による「共生を想像する」事業を考案した。なお、coexistenceを直訳すれば「共存」であるが、元敵対集団が単に並立して存在する以上のかかわりを意図していたこともあり、緒方のインタビュー書籍等でも「共生」の訳語が充てられていることが多い（たとえば野林・納家 2015）。UNHCRアーカイブによれば、共生は以下のとおり定義される。

　　共生（coexistence）は平和に並びあって生きること以上を指し、コミュニケーション、相互のやり取りや、協力を含むものである。和解や赦しを示唆するものではなく、それよりも代替案がないために、そして必要性から現状を維持している状態である。「共生」とは、トラウマの経験や分断の歴史に照らして、人間としてのお互いの立場や権利を認めるために、当該コミュニティの未来に向けた包括的なビジョンを発展させるために、また以前のコミュニティの分断を越えて経済的、社会的、文化的、あるいは政治的な発展を推進していくために、個人やコミュニティが必要とするスキルや決意を意味する（UNHCR Archive n.d.）。

福島安紀子（2019: 18-28）は、日本語の共生にあたる英単語はないことに言及しつつ、紛争後には元敵対相手との共存が始まり、対話や敵対関係を越えた関係構築のために共生が始まり、共通の目的のために協働がなされるのが理想形であると述べた。そして、共存は比較的実現可能であるが、共生の段階に到達するのは難しいと説く。緒方がミノウと主導した「共生を想像する」事業を評価した書籍では、紛争、共生、協働、協力、相互依存、統合の6段階があると説明されている（Sluzki 2003: 23）。このように、「共生」には幅がある。元敵対者に背を向ける選択肢もありうるし、より前向きに協働をはじめられることもありうる。国際支援アクターであるUNHCRの狙いがある一方で、難民らの当事者性／行為主体性もあり、国際支援アクターの狙い通りには当事者性／行為主体性が発揮されない可能性もある。福島が共存と共生を分けて使ったように、紛争で分断したコミュニティが社会として再び結束を取り戻すまでには、紛争と平和のあいだに見つめるべき機微な段階があることがわかる。

　現実に、「共生を想像する」事業では、紛争や暴力を経験した人々や帰還民が、和解に至っていないコミュニティに戻らなければいけない状況が想定されていた（UNHCR Archive 1999）。敵対していた集団と、和解や赦しまではできなくとも、少なくとも共存をはじめ、同じ空間を共有できる、同じイベントで時間を過ごせるということを確認し、彼ら自身が、元敵対集団との「共生は可能だ」と想像できることを支援するものであった。ミノウによれば、「共生を想像する」とは、言語行為理論に基づけば行為遂行的発話（performative utterance）である[1]。行為遂行的発話とは、特定の言葉を発するとき、それは未来の自分の行為として行われる、ということが期待されることを意味する。つまり、帰還民や事業対象地に住む人々が「共生を想像する」という表現を聞き、みずから使うことで、共生可能な未来を想像できるようになることが期待

▶1　マーサ・ミノウへのEメールでの聞き取り。2020年9月17日。緒方もそれを理解しており、ミノウが事業名を提案した際、「ジョンレノンのイマジンですね」と返答したという。「イマジン」では、「想像してごらん、すべての人が今を生きているということを／平和に生きているということを／世界を分かち合うということを」といった歌詞があり、口ずさんだ人が実際に共生する世界を想像することが期待されている。2024年のパリ・オリンピックのビーチバレー決勝戦で、カナダとブラジルのチームが口論になったとき、音楽担当者が機転を利かせて「イマジン」を流し、場が和んだ。このときにも、同様の効果が期待されていたと考えられる。

されていた。

　難民や帰還民を含む紛争影響下にある人々が、共生可能と想像できる、というのは、和解や平和構築と比較して控えめな行為である。しかし、緒方が「戦争と平和のあいだ」にあることを、そしてミノウが「復讐と赦しのあいだ」にあることを模索すべきだと主張したとおり、緒方もミノウも、人々が共生は可能と想像できる一歩が、紛争を乗り越えていくための小さいが確実な前進と考えた。ともすればより大きな事業にかき消されてしまいかねないが、共生は可能と人々が想像できることを、より安全で平和な社会づくりに寄与する重要な一つの到達点や段階と人々が認識できれば、そこからより持続的な平和構築に結び付けていけると予想したのである。

第3節　「共生を想像する」事業と当事者らの行為

　緒方とミノウが率いた「共生を想像する」事業構想と比較して、帰還民、国内避難民やその他の紛争影響下にある人々の言動を分析するとどうか。以下、UNHCRが「共生を想像する」事業で対象国としたボスニア・ヘルツェゴビナとルワンダについてUNHCRアーカイブ等の史料で確認できる、現地の市民団体の既存の取り組み調査から現地の人々の声を拾う。結論を先取りすれば、現地の人々は、未来志向の「共生を想像する」前に、過去の経験や現在の状況に影響され、複雑な行為主体性を発揮した。

第1項　UNHCRによる「共生を想像する」事業の概要

　UNHCRは、2001年から2002年にかけて、ボスニア・ヘルツェゴビナとルワンダで、「共生を想像する」パイロット事業を実施した。本格的な実施の前の試験的な事業である。活動資金は、人間の安全保障信託基金から126万2,500ドル（当時1ドル約110円で1億3,900万円弱）を得た。日本が拠出国であった。[2]

▶2　日本の外務省ウェブサイトでは、政府開発援助（ODA）の人間の安全保障基金による支援案件ページで、2000年12月に、ユーゴスラビアとルワンダで「共生計画、帰還難民の定住奨励と共同体の再生」という案件名で支援実績が示されている。https://www.mofa.go.jp/mofaj/gaiko/oda/bunya/security/ah_list.html#00（最終閲覧日：2024年7月29日）。

この活動資金を使い、対象の2か国で、66の小規模事業が行われた。調整や予算獲得が難航したために、「共生を想像する」事業が実施されたのは、2000年12月に緒方が高等弁務官を退任した後となったが、ここまでの経緯から、緒方が主導して構想を練り、予算を獲得したことがわかる。緒方の退任後に事業が実施されたが、緒方も事業の実施状況は把握していた。

第2項　ボスニア・ヘルツェゴビナ

(a) 背景

ボスニア・ヘルツェゴビナはユーゴスラビア連邦共和国を構成する六つの共和国の一つであった。連邦の中心に位置していたため、民族的にもっとも多様な地域の一つであった。1992年に紛争が勃発すると、異なる民族間の緊張が高まり、暴力や虐殺が発生し、約200万人の難民と国内避難民が発生した。1995年にデイトン合意の署名により、紛争は正式に終結した。デイトン合意の付属文書には、難民と避難民の帰還に関する条項があったが、主に紛争当事者の責任と国際機関との協力に関するものであり、コミュニティ・レベルでの共生や和解に関する具体的な条項は含まれていなかった。

UNHCRはドリヴァル（Drvar）とプリイェドル（Prijedor）をプロジェクトの実施地域に選んだ。紛争前に1万6,000人の住民を抱えていたドリヴァルでは、紛争前にはセルビア人が土地の97％を所有していたが、彼らは紛争中にクロアチア軍によって追い出され、この地域はクロアチア人によって支配されるようになった。デイトン合意後、別の地域からクロアチア人国内避難民がドリヴァルに移動してきたのと同時に、この地に住んでいたセルビア人の帰還民が戻ってきた。セルビア人帰還民は引き続き増える見込みであったが、中心部でなく周辺地域に帰還したこと、クロアチア人が政治的にも経済的にも力を持っていたこともあり、この地域に移動してきたクロアチア人国内避難民の8割は残留を希望していた。一方、2001年以降、クロアチア人国内避難民は自発的に地元に戻る動きを開始した。財産法が施行され、クロアチア人は、セルビア人家屋を占拠していれば法的に争われることを認識したためである（UNHCR Archive 2002b）。とはいえ、すぐにすべてのクロアチア人国内避難民がドリヴァルの外に移動するわけではなかった。こうした中で「共生を想像す

る」事業が実施された。

　プリィェドルでは、ボシュニャク人とセルビア人が半々に分かれていたが、紛争が始まると、セルビア軍がこの地域で勢力を強化した経緯で、ボシュニャク人が避難を余儀なくされた。スレブレニツァの虐殺に次いで2番目に大規模な虐殺（プリィェドルの虐殺）が行われたことでも知られており、セルビア軍がボシュニャク人を標的とした。セルビア人が支配的となったこの地域には、上記のドリヴァルの例のように、他の地域で土地を追い出されたセルビア人が移動してくるようになった。

(b)「共生を想像する」事業が直面した当事者性の課題

　現地では、いくつかの市民団体は紛争の何十年も前から活動実績があるなど、すでに活動のインフラも経験も十分であり、草の根レベルで「共生を想像する」事業を行うことが可能であった。UNHCRはこうした市民団体を選定し、26の活動を実施した。

　ボスニアの市民団体 Hi neighbor のトップは、「共生を想像する」事業訓練のファシリテーターも務めた経験から、以下のように、共生を想像する前に立ちはだかる帰還民の困難に触れた。帰還プロセスで強いストレス状況から脱することができるのはごく少数の人だけであり、大多数の人々は、避難経験に疲弊しており、その結果帰還プロセスで小さな問題にぶつかるだけでも十分に対応できないことがある。帰還プロセスでは、程度は様々だが、帰還民は社会に適応したり、帰還先コミュニティに統合する必要がある。また、物理的な住環境も様々である。家族構成員のニーズも異なる。こうした中で信頼醸成を獲得する共生支援に加えて、ベーシックニーズの確保、コミュニティ再構築を通じた帰還民の前向きな受け入れの雰囲気の醸成等の必要性が指摘された（UNHCR Archive 2002a）。

　また、事業が進むにつれて明らかになったのは、共生は必ずしも和解につながらないということ、さらには、帰還民が増えると、人々は否応なく共存を余儀なくされるということであった。その後、事業実施地であるドリヴァルとプリィェドルでは、時間がたつにつれて一つの民族が支配的になる傾向があるのに、どうやって共生を成功させられるのかという批判がなされるようになった

(UNHCR Archive 2002c: 12-13)。これは財産法が適切に履行されていたためでもあった。土地や財産が紛争前の所有者に認められたために、多くの人々は紛争前の自分の家に戻ることを選択し、国内避難民も避難先に留まるよりも帰還を選択した（UNHCR Archive 2002c: 12-13）。

ボスニア・ヘルツェゴビナのこうした状況は、「分断による平和」と表現されることもある（上杉 2023）。緒方や UNHCR は、様々な民族が手を取り合って生活を営めることを理想と描いていただろう。しかし、現実には、共生が達成されたというよりは、異なる民族は一定程度特定の地域に固まるようになり、他の民族との関係では、福島（2019）が指摘したところの、共生の前段階である共存にとどまっていた。

第3項　ルワンダ

(a) 背景

ルワンダでは、1959年にツチの支配が覆されると、約55万人（主にツチ）が難民としてウガンダ（20万人）やブルンジ（24.5万人）に避難した（アメリカ国務省推定値）。1962年の独立後には多数派のフツが政権を掌握した。ツチのルワンダ国内の人口割合は、独立前は約14％、1994年末には8％と報告されている（UNHCR Archive 2001）。1990年、亡命ツチ主体の RPF がルワンダに侵攻し、ルワンダで紛争が発生した。紛争の影響で、約35万人のルワンダ人（主にフツだがツチもいた）が国内避難民となった。1993年にアルーシャ合意が締結され、国連監視団が派遣された。ルワンダから他国に人々が流出したのみならず、1993年10月には、隣国ブルンジでの政変により主にフツのブルンジ人約28.7万人がルワンダに逃げていた。その後、フツの過激派によって、ツチやフツの穏健派に対する虐殺がはじまった。ブルンジのフツ難民の中にも、過激化し、ジェノサイドに加担した者がいる。1994年4月から7月にかけて、推定50万人から100万人が殺害されるジェノサイドが発生した。ツチによるフツへの報復殺害もあった。最終的には、RPF の軍事侵攻および勝利によりこの動きが止められた。1994年末の時点で、ジェノサイドで殺害された人々に加え、200万人が難民となり、150万人ほどが国内避難民となるなど、1993年に約790万人いた人口の半数以上が被害を受けた（UNHCR 2000）。

第7章　当事者性の分析視座からみるUNHCRによる社会的結束支援

　新ルワンダ政府は、すべてのルワンダ人に母国に戻るよう呼びかけ、2000年までにルワンダには約300万人が帰還した（UNHCR Archive 2001）。国民統合が掲げられた反面、民族問題を取り上げることはタブーとなった。経済的には、約70％の世帯が貧困ライン以下にあった（UNHCR Archive 2001）。当時の難民や支援の状況は、UNHCR50周年記念誌である *The Status of the World Refugees*（UNHCR 2000）で詳述されている。

　UNHCRは、活動実績のある国際NGOであるオックスファムやノルウェー人民援助（NPA）を介して、ブタレ（Butare）、ルアンジュリ（Ruhengeri）、ウムタラ（Umutara）の各地区で現地の市民団体の活動を支援した（Burns *et al.* 2003: 87）。ブタレは、ブルンジに近い大学都市で、ツチとフツが結婚することも珍しくなかったが、ジェノサイドで多くの人が虐殺された。NPAの活動地域であり、ジェノサイド前後の状況の違いが大きく、多数の難民や避難民が移動し、比較的治安が良かったなどの事情から、この地域が選ばれた（UNHCR Archive 2001）。オックスファムの活動地域として、コンゴ民主共和国に近いルアンジュリ、そしてウガンダとタンザニアに接し、1996年に新設された、利用可能な土地が豊富なウムタラが選定された経緯がある。

(b)「共生を想像する」事業が直面した当事者性の課題

　ルアンジュリから車で20分以内にあるカビンゴにある女性団体Abiyunzeに対するUNHCRの聞き取り結果がある（UNHCR Archive 2001）。同団体は、女性たちの協働による農作業を通じた収入獲得を目指していた。Abiyunzeの発足は1998年である。ジェノサイドから4年がたった当時、ジェノサイドによる社会的分断は大きく、自分の夫を殺されたツチの未亡人らが、フツの女性に対し、殺し屋あるいはジェノサイダーであるという非難を街中で行うことがあった。フツの子どもたちは、ジェノサイドの報復で、水汲みや木材拾いにいくと街中で暴力を振るわれることがあった。ツチ側には、夫は無実であるにもかかわらず牢屋に入れられたという女性もいた。こうした状況で、女性たちが民族的な違いを越えて、協働で畑を耕し、収入を得るという共通の目標に向かって行動することが必要だと、Abiyunzeが立ち上げられた。この団体のインタビュー回答者は、以上のような問題はあったが、女性たちが農作業を通じ

た協働の経験を重ねることで共生を実現するために、同じ場所で座り、目を見て語ることが重要であり、こうした経験が対立から協力に移行していく土台になるという仮説で活動を実施していると述べた。一方、課題として、民族的な違いよりも、経済的困窮や社会的立場の弱さから、夫を殺された未亡人が、フツの女性たちも苦しいといっても夫は生存しており、子どもも一緒に住んでおり、ほぼ一人でやっていかなければいけない自分の状況と異なるという不満を抱え続けていることも指摘した（UNHCR Archive 2002a）。

別の地域（Gitarama Parish）にある別の女性団体 Abunninagrama からも、当初は、自分たちの敵とみなす相手に対して怒りや恨みが先んじていたことが報告されていた。ジェノサイドの混乱の中でレイプ被害にあった女性らが、フツ女性に対して、1994年当時何をしていたのか、あなたたちは殺し屋だと非難することがあった（UNHCR Archive 2002a）。フツ女性にも未亡人がいたが、虐殺で夫を失ったツチの未亡人たちとは事情が違うと、経験を話す機会が与えられないことがあった。さらに別の女性団体では、会計担当が現金を盗み、それを妬む人や内部で分裂を目論むグループが発生した。あるいは、各活動への参加動機が、「参加すればお金をもらえる」という期待にあったことも報告されている。多くの人々は、対話や協力といった共生を想像する前に、日々をやりくりする上での経済的な困窮、家庭で支えとなる配偶者不在の失意や、社会的な肩身の狭さに直面していた。

以上のような多数の聴き取り結果をまとめた分析報告書は、回答で頻出した言葉にエスニシティはあまりなく、帰還前に難民としてどの国に逃げていたのか、国内避難民かどうか、未亡人か、ジェノサイドの生存者か、といった違いの方が各団体の中での対立や分断の要素としてしばしば言及されていたことを指摘した（UNHCR Archive 2002a: 11）。「あの国内避難民は私たちを嫌っている」といった言説や、人々は自分の知り合いの店でしかものを購入しないといった、「違う」他者に対する不信感や不安に基づく言動が確認された。ジェノサイドの生存者たちは、自分たちの家族が殺された場所のある土地に住み続けながら、対立集団の帰還民が拘置所に食糧を運ぶことを受け入れられず脅迫した（UNHCR Archive 2002a: 12）。ルワンダ人が帰還後に職を探す際には、雇う側が、求職者に対し、ウガンダ、ブルンジなど、どこから戻ってきたのかと

聞くことがあり、こうした質問も人々のあいだでの分断につながった。

　「共生を想像する」事業は、当初は民族紛争後の民族的分断を乗り越える事業として想定されていたが、より広く、同じ地域に住む人々の共同作業を通じたコミュニティ再統合支援と解釈されるようになった（UNHCR Archive 2002a）。以上のような分断や対立、対話の難しさはあったものの、多くの市民団体が、協力して貧困者の家を建てる事業を実施する、農作業をして収入の糧とする、といった成果の見える活動を通じて、活動主体のあいだの共生にもつなげていったことが回答からわかる。市民団体は、共生それ自体を目指すというよりは、収入創出事業、教育、コミュニティ構築、保健衛生や、未亡人支援、孤立支援といった経済的・社会的支援を主としていた。その活動の中で、参加者が徐々に話せるようになり、過去についても対話できるようになり、結果としてより前向きにコミュニティの一員として互いを認めあえる共生を目指した。

第4節　「共生を想像する」から持続的平和・社会的結束支援へ

第1項　当事者性／行為主体性の分析視座による整理

　本章第1節では、帰還民や国内避難民を含む紛争影響下にある人々を分析する当事者性の視座として三つをあげた。(1) その行動基準を過去、現在、未来のいずれに置くか、(2) 積極的な行為（作為）か消極的な行為（不作為）か、(3) 紛争解決、和解や平和に資するような行為を行う主体という意味で「良い」行為者か、難民戦士のような「悪い」行為者か、あるいはそのあいだに位置する「複雑な」行為者か。

　第2節では、緒方（UNHCR）の「共生を想像する」事業の構想は、(1) 未来を見据えるものであり、(2)「共生を想像する」と発言することで行動につながることが期待されるという積極的行為を想定しており、かつ (3) 紛争から平和への移行に資する「良い」行為者像が想定されていたことを説明した。

　これに対し、第3節で明らかになったのは、紛争経験者たちの複雑な現実だった。ボスニアやルワンダといった紛争経験国で、確かに市民団体や国際NGOはUNHCRの未来志向の積極的な「良い」行為に結びつくような活動を

目指していた。一方、現地の人々は、すぐに共生を目指して前向きに活動できたわけではなかった。

　ボスニアでは、難民となり、住んでいた土地を離れていた人が帰還すると、元居た場所に別の人が住んでいたなど、土地や財産の問題にも直面した。こうした状況で、人々は、敵対していた人々との共生を想像する前に、みずからの生活を立て直すことに目を向けていた（Burns *et al.* 2003: 99）。また、財産法が施行されると、紛争前の土地や財産のある地元に戻ることを多くの人々は選択し、一方で国内避難民は、別の人々が住んでいたところに住み続けるのは財産法上の違法行為になるという理由で移動することを決めた。事業実施地では、特定の民族が支配的となり、共生というよりは、各民族間に壁のある共存にとどまった。

　ジェノサイドを経験し、経済的な貧困レベルが高くなっていたルワンダでは、虐殺で夫を失ったツチの未亡人が、フツの女性を非難する、あるいは家族が離散していても夫の支えなく生計を立てなければならない自分とは異なると、エスニシティというよりも社会的な立場の違いに伴う相手への批判が確認された。こうした言動の行動基準は過去にある。相手を非難するという積極的行為ではあるが、複雑な行為である。団体の現金箱から窃盗行為におよんだ女性がいたように、いくら将来の経済的な安定を目指した活動に取り組もうとしても、今日明日を生きるという現在の状況に行動が左右される事例もあった。本稿では議論することはできなかったが、ユーゴスラビアとルワンダで問題を解決するために設立された仲裁裁判所や、ルワンダの真実和解委員会も人々の社会再構築の認識に影響をおよぼした。一部の人々は正義を強く求め、共生は正義と和解を約束したうえで実施されるべきだと主張した。

　過去の経験を克服し、現在の社会的・経済的困窮状態が改善されないことには、未来志向の「共生を想像する」のは難しい、と整理することができるだろう。また、同時並行で実施されている法律や整備されつつある正義のための制度によって、人々が共生という選択とは異なる選択や希望をすることも指摘できる。

第2項 「共生を想像する」から社会的結束、持続的平和まで

　緒方の退任後も、UNHCRでは共生を軸とした小規模事業が展開されてきた。2013年にUNHCRが出した「共生事業に関する原則と活動指針」では、「共生」概念は、緒方によってUNHCRの中で広められたことが明記されている（UNHCR 2013）。また、2000年代はじめには60程度であった事業は、2019年には454に増加した。ただし、事業のコンセプトは「共生を想像する」でも、同じ名称で展開されてきたわけではない。平和的共生（peaceful coexistence）、希望のポケット（pockets of hope）[3]事業という名前がつけられるなど、時間の経過や地域により事業名は変化してきた。

　最近の潮流として、国連や国際ドナーは、社会的結束（social cohesion）という名の下に事業を行うことが増えている（World Bank, 2022; Barron et al. 2023）。社会的結束とは、あるコミュニティの構成員のあいだでの関係性の強さや連帯感をいう。緒方が「共生を想像する」構想で追求したものと同じといえる。加えて、2016年以降は、国連全体でのスローガンとなっている持続的平和（sustaining peace）にいかに各国際機関やドナーが貢献できるのかに注目が集まっている。UNHCRも例外でなく、政策や事業計画を立てる際には、それらがいかに持続的平和に寄与するかという説明を求められるようになっている（UNHCR 2020）。さらに、国連では紛争対応よりも紛争予防に力を入れる傾向が強まってきたため、予防の文脈でUNHCRが難民の発生国の状況改善に貢献することが期待される向きもある。UNHCRは、「共生を想像する」事業をひとつのきっかけとして、草の根レベルで共生や社会的結束を目指すことにより、ひいては紛争予防を含めた持続的平和に寄与することを示そうとしている[4]。

　緒方やUNHCRが取り組んだ「共生を想像する」構想が想定した、未来志向の「良い」当事者性がある一方で、現実にはそれとはギャップのある複雑か

▶ 3　UNHCR website, "Supporting 'Pockets of Hope' in South Sudan." https://www.unhcr.org/about-unhcr/where-we-work/africa/supporting-pockets-hope-south-sudan（accessed July 29, 2024）.

▶ 4　UNHCR職員へのインタビュー、スイス・ジュネーブ、2024年3月13日。

つ過去や現在に影響を受けた当事者性が確認された。以上の分析を踏まえると、最近の潮流である社会的結束や持続的平和関連事業において、単に当事者の視点を重視するという段階から一段上り、「どのような当事者性の視座を取り込んでいけるか」が、真に当事者中心の国際援助となるかどうかの要といえる。

おわりに

本章では、国内外で避難を余儀なくされた人々が帰還先で抱える社会経済問題を克服するために、緒方貞子がUNHCRで考案した「共生を想像する」事業を事例として、国際機関側の当事者性の論理と、紛争影響下の人々の当事者性の現実のギャップを確認した。当事者性／行為主体性の分析視座を用いることで、未来志向の良い当事者性が積極的に発揮されるという、支援側の想定通りには必ずしもいかないことを指摘した。難民らは、過去の経験や現在の経済的、社会的、法的諸条件に影響を受けながら、共生や和解に向けた当事者性のみならず、対立や分断を招く当事者性も発揮した。本章が示唆するのは、「共生を想像する」構想後、社会的結束や持続的平和といった新しい政策用語が提唱される中で、こうした国際援助の課題を克服する方向で政策が考案・実施されていくことが望ましいということである。本章の分析視座は例示にすぎない。萌芽的段階にある難民やより広く紛争影響下の人々の当事者性／行為主体性を考察するための研究が、より一層充実し、発展することが期待される。

＊本章は日本学術振興会科学研究費若手研究課題番号20K13432による研究成果の一部である。

❖ 参考文献 ❖

上杉勇司（2023）『紛争地の歩き方——現場で考える和解への道』筑摩書房．
緒方貞子（2008）「人間の安全保障と難民支援」明石康・高須幸雄・野村彰男・大芝亮・秋山信将編著『オーラルヒストリー 日本と国連の 50 年』ミネルヴァ書房：39-68．
国連開発計画（2022）『人新世の脅威と人間の安全保障』日経BP．
小林綾子（2023）「緒方貞子と UNHCR アーカイブ」『コスモポリス』第 17 号：27-35．
スターンズ，ジェイソン K.［武内進一監訳，大石晃史・阪本拓人・佐藤千鶴子訳］（2024）『名前を言わない紛争——終わらないコンゴ紛争』白水社〔Sterns, J. K. (2021) *The War That Doesn't Say Its Name: The Unending Conflict in the Congo.* Princeton University Press〕．
野林健・納家政嗣編（2015）『聞き書 緒方貞子回顧録』岩波書店．
福島安紀子（2019）『地球社会と共生——新しい国際秩序と「地球共生」へのアプローチ』明石書店．
Amnesty International (1997) Human rights overlooked in mass repatriation. AFR/47/02/97, 1 January 1997.
Baines, E. (2016) *Buried in the Heart: Women, Complex Victimhood, and the War.* Cambridge University Press.
Barron, P., L. Cord, J. Cuesta, S. A. Espinoza, G. Larson and M. Woolcock (2023) *Social Sustainability in Development: Meeting the Challenges of the 21st Century.* World Bank, https://openknowledge.worldbank.org/entities/publication/45757341-5bf9-56b0-bcda-a8a0772337c4（最終閲覧日：2024 年 7 月 29 日）．
Beswick, D. and A. Hammerstad (2013) "African agency in a changing security environment: sources, opportunities and challenges," *Conflict, Security and Development,* 13(5): 471-486.
Betts, A., G. Loescher. and J. Milner (2012) *UNHCR: The Politics and Practice of Refugee Protection.* Routledge.
Bøås, M. (2013) "Youth agency in the 'violent life-worlds' of Kono District (Sierra Leone), Voinjama (Liberia) and Northern Mali: 'tactics' and imaginaries," *Conflict, Security and Development,* 13(5): 611–630.
Burns, C., L. McGrew, and I. Todorovic (2013) Imagine Coexistence Pilot Projects in Rwanda and Bosnia. Chayes, A. and Minow, M. eds., *Imagine Coexistence:*

Restoring Humanity After Violent Ethnic Conflict, Jossey-Bass, 85-101.

Chimni, B. (1999) "From Resettlement to Involuntary Repatriation: Towards a Critical History of Durable Solutions to Refugee Problems." New Issues in Refugee Research, UNHCR Working Paper Series, Working Paper No. 2.

Clarke, R. (2022) "Negative Agency." in Ferrero, L. eds., *The Routledge Handbook of Philosophy of Agency*, Routledge, 59-67.

Emirbayer, M., and A. Mische (1998) "What Is Agency?" *American Journal of Sociology*, 103(4): 962-1023.

Golubović, J. (2022) "Beyond Agency as Good: Complicity and Displacement after Siege of Sarajevo," *Journal of Refugee Studies*, 35(3): 1344-1363.

Human Rights Watch (1997) Uncertain Refuge: International Failures to Protect Refugees. *A Human Rights Watch Short Report* 9 (1) (G) (1997).

Lischer, S.K. (2005) *Dangerous Sanctuaries: Refugee Camps, Civil War, and the Dilemmas of Humanitarian Aid.*. Cornell University Press.

Minow, M. (1998) *Between Vengeance and Forgiveness: Facing History after Genocide and Mass Violence*. Beacon Press〔ミノウ, マーサ［荒木教夫・駒村圭吾訳］(2003)『復讐と赦しのあいだ——ジェノサイドと大規模暴力の後で歴史と向き合う』信山社〕.

Ogata, S. (1992) Statement at the International Management Symposium, St. Gallen, Switzerland, 25 May.

Ogata, S. (1997a) Remarks at a conference of the Carnegie Commission on the Prevention of Deadly Conflict, Geneva, 17 February 1997.

Ogata, S. (1997b) "Refugee Repatriation and Peace-Building," *Refugee Survey Quarterly*, 16 (2): iv-x.

Sluzki, C.E. (2003) "The Process toward Reconciliation," in Chayes, A., and Minow, M. eds., *Imagine Coexistence: Restoring Humanity After Violent Ethnic Conflict*. San Francisco, Jossey-Bass, 21-31.

Suhrke, A. (1989) "Refugee Warriors: A Problem of Our Time," in Zolberg, A., A. Suhrke and S. Aguayo eds., *Escape from Violence*. Oxford University Press.

Takahashi, S. (1997) "The UNHCR Handbook on Voluntary Repatriation: The Emphasis of Return over Protection," *International Journal of Refugee Law*, 9 (4): 593-612.

Thomson, S. (2013) "Agency as Silence and Muted Voice: The Problem-Solving Networks of Unaccompanied Young Somali Refugee Women in Eastleigh,

Nairobi," *Conflict, Security and Development*, 13(5): 589-609.

UN Document (1997a) Report of the Special Rapporteur on the situation of human rights in Zaire, E/CN.4/1997/6, 28 January 1997.

UN Document (1997b) Report of the High Commissioner for Human Rights on the activities of the Human Rights Field Operation in Rwanda, E/CN.4/1997/52, 17 March 1997.

UNHCR (2000) *The State of World's Refugees 2000: Fifty Years of Humanitarian Action*, Oxford University Press.

UNHCR (2013) Principles and Operational Guidance on Coexistence Projects, UNHCR, May 2013.

UNHCR (2020) Sustaining Peace and Forced Displacement, UNHCR, January 17, 2020, https://www.un.org/peacebuilding/sites/www.un.org.peacebuilding/files/unhcr_thematic_paper_on_forced_displacement_and_sustaining_peace_200117_0.pdf（最終閲覧日：2024 年 7 月 29 日）.

UNHCR Archive (n.d.). Imagine Coexistence. Reintegration and Local Settlement Section, Division of Operation Support, UNHCR, file 97327 Imagine Coexistence.

UNHCR Archive (n.d.) Imagine Coexistence: Working with People Who Return to Divided Communities. Imagine Coexistence, Fletcher Harvard Research Component (File 1), OPS-02, 2000-2002.

UNHCR Archive (1999) Email from Filippo Grandi to Cindy Burns on "Ethnic Coexistence Project," 12 December 1999, file 109781.

UNHCR Archive (2001) Imagine Coexistence Project in Rwanda: UNHCR/PON Mission to Rwanda, 27 January – 3 February 2001. Folder: Imagine Coexistence – Rwanda, iRIMS: 142630.

UNHCR Archive (2002a) Peacebuilding Pilot Project Impact Assessment by Amir Abdalla *et al.* Oxfam Great Britain, Rwanda Programme, October 2002. Folder: Imagine Coexistence – Rwanda, iRIMS: 142630.

UNHCR Archive (2002b) Concept of Coexistence by Ms. Nada Uletilovic. UNHCR, National Conference on "Imagine Coexistence" Initiative, May 28, 2002. File name "Imagine Coexistence Bosnia and Herzegovina" OPS-02 VAR413, 2001-2002.

UNHCR Archive (2002c) The Imagine Co-existence Project in Bosnia-Herzegovina (BIH) by Ilija Todorovic, Protection Officer, UNHCR Bunja Luka, February 20, 2002.

File name "Imagine Coexistence Bosnia and Herzegovina" OPS-02 VAR 413, 2000-2002.

Whitaker, B.E. (2002) "Refugees in Western Tanzania: The Distribution of Burdens and Benefits Among Local Hosts," *Journal of Refugee Studies,* 15(4): 339–358.

World Bank (2022) *Social Cohesion and Forced Displacement: A Synthesis of New Research,* World Bank, https://openknowledge.worldbank.org/handle/10986/38431（最終閲覧日：2024 年 7 月 29 日）.

第8章
解決策としての
難民起業家？
―― 欧州における難民の自立支援の試みと多様な支援主体

堀井 里子（国際教養大学）

はじめに

　欧州は、2015年前後にかけて、「欧州難民危機」といわれる100万人規模の移民・難民の到来を経験した。移民・難民の大規模な受け入れに対する反発が欧州各地で起こったが、その一方でみられたのは、かれらの社会統合を支援するNGOの取り組みであった。中でも注目されたのは、起業を通じた難民の自立支援である。その正確な数や規模の全体像を世界規模で測ることは困難であるが、英国の起業支援・調査を専門としたNGO、起業家支援センター（CFE）の調査によれば、2019年時点で欧州を中心とした19か国で39の団体が難民の起業支援を展開しており、そのうち28団体が「欧州難民危機」以降に設立された、比較的新しい団体や取り組みであった（CFE 2019: 6, 8）。難民起業家支援への社会的関心が高まる中、国際機関も難民の起業に関するハンドブックや政策文書を続々と発行しており、国際社会全体で難民起業家育成への関心が高まっている。

　本章は、欧州における難民起業支援の取り組みに注目し、どのような組織が、なぜ起業支援を立ち上げたのかを問う。とくに、本章では、NGOの中にもその形態や目標に多様性があり、中でも社会的企業（social enterprise）としての性格を反映したNGOの参入がみられることに注目する。社会的企業とは、市場を通じて社会的課題に取り組み、革新性を伴う解決策を提供する存在とされ

る。こうした社会的企業型のNGOによる支援は、難民の当事者性の回復という観点からいかなる意味をもつのか。本稿では、欧州における難民の起業支援分野で主導的な役割を担うフランスのシンガ（SINGA）と、これまで同分野で先駆的な活動をしてきた英国の起業家支援センター（CFE）を事例として検討する。

なお、欧州における難民の起業支援主体に注目する理由は二点ある。第一に、欧州は多くの難民が移住先として望む目的地であるが、到達したからといって困難が終わるわけではないということである。先進国においては、難民支援は政府の責任のもと行われる。その際、途上国であれば支援の提供に直接的・主導的な役割を担うUNHCRなど国連機関の役割は最小限にとどまる。そのため、公的機関による支援や民間企業によるサービスが行き届かない場で、NGOが難民の日々の生活と社会統合を支えている。また、難民の起業を成功に導く（あるいは失敗をもたらす）要因を分析する研究は徐々に蓄積がみられるが、起業支援主体に着目した研究は少ない。

第二に、起業支援と当事者性の関係である。先行研究は、起業は必ずしも難民にとって経済的な自立への早道ではないが、事業運営を通して主体的に判断し他者と能動的に関わることが求められるため、コミュニティへの帰属意識も高まり難民の当事者性の向上に役立つと指摘する（Embiricos 2020; Khademi et al. 2023）。他方で、起業家を難民の「成功モデル」として強調すると、経済的な貢献度など、受け入れ社会に対する利益ベースで難民が差異化されてしまうことへの懸念も示されている（Gürsel 2017）。実際にどのような支援がなされれば当事者性の回復により資するものとなるのか、まずはその実態を明らかにする必要がある。

本章の構成は以下のとおりである。まず次節（第1節）において、難民レジームにおいて自立がいかに重要視され、とくに起業がその一環として注目されてきたかを概観し、起業する難民の一般的な特徴や起業に関する論点を提示する。第2節では、就労・起業をめぐる欧州各国の制度的な環境を明らかにする。第3節において、NGOの役割と起業支援について二つのNGOを事例として取り上げ論じる。

第1節　難民の自立と起業支援の全体像

第1項　国際的な動向——なぜ、自立と起業が注目されているのか

　（難民の）自立の重要性は……明らかに増すばかりである。……人道支援や開発支援に振り分けるドナー国の予算が縮小するなかで、支援を受けずに生活する難民は国際機関にとってもドナー国にとっても魅力的な存在となっている（Easton-Calabria 2022: 3）

　難民の自立も、そして起業支援も、難民支援に従事してきた国際機関やNGOにとっては目新しいアプローチではない。イーストン＝カラブリア（Easton-Calabria）によれば、20世紀初めにはすでに国際機関が起業・自営支援を通した自立促進の方法を模索している（Easton-Calabria 2022）。しかし、難民の自立の促進は、21世紀に入ってから新たな重みをもつようになっている。自立が推進されるようになった理由の一つとして、難民の支援や受け入れに余裕がない国際社会の状況を挙げることができる。紛争や迫害の危険のため、難民や避難民の数は増加しているが、難民を積極的に受け入れる国はほとんどなく、人道支援のための予算も限られている。こうした状況において、難民が外部援助に依存せず、経済的に自立できるアプローチが重視されるようになっている。自立の促進は、2018年に国連が採択した「難民に関するグローバル・コンパクト」において四つの目標の一つとして掲げられるほどに、今や難民支援の中核となっている。

　難民の自立とは何を意味するのか。UNHCRをはじめ難民支援に従事する人々にとって、その基準となる定義は、UNHCRが2005年に発行した「自立のためのハンドブック（*Handbook for self-reliance*）」にみられる。同ハンドブックで、UNHCRは、自立を次のように定義している。

　（自立とは）個人、世帯、コミュニティが、持続可能な方法で、尊厳を保ちながら必要なニーズを満たすことができる社会的経済的能力を指す。プ

ログラムのアプローチとしての自立は、援助対象者の生計を発展・強化し、脆弱性および人道・外部支援への長期的な依存を軽減することである（UNHCR 2005: 1-2）

　ここにみられる自立の定義は、物質的もしくは経済的なニーズを満たすような経済的な自立だけを指しているのではなく、難民が尊厳を保ち、社会と関わりをもてるような難民個人および世帯、コミュニティの状況を含意しており、本来は包摂的な概念である。UNHCR は、自立が恒久的な解決策の土台であるとも言及しており、難民問題の解決のために自立は不可欠な要素であると認識されている。しかし、実践としての自立支援は、限られた予算を反映し、経済的な自立を優先していることが指摘されている（Easton-Calabria 2022; Skran and Easton-Calabria 2020; 村橋 2021）。

　難民の自立支援が重要視されるなかで、起業を通した支援も国際社会で関心を集めている。たとえば、2018 年に UNHCR は国連貿易開発会議（UNCTAD）と IOM とともに、「移民と難民のための起業に関する政策ガイド（*Policy Guide on Entrepreneurship for Migrants and Refugees*）」を共同発行している。そしてその翌年には、経済協力開発機構（OECD）が「難民の起業に関する政策概要（*Policy brief on refugee entrepreneurship*）」を発行し、ILO も同年に「強制移動の文脈における起業支援の概要ガイド（*A rough guide to entrepreneurship promotion in forced displacement contexts*）」を発行している。難民の起業に関する文書は、世界銀行など他の様々な国際機関や地域機構からも近年立て続けに発行されており、このことからも難民の起業に強い関心が寄せられていることがわかる（OECD 2019; OECD and European Commission 2021; UN 2018; World Bank 2023）。実際、難民の起業支援の取り組みについては、経済や貿易、開発分野の国際機関が関与する余地を作り出している。UNHCR は、起業に関する専門性においては自身が必ずしも優位性を持っていないことに鑑み、2022 年に発行した「難民の起業支援のためのグローバル・ロードマップ（*Global Roadmap for Refugee Entrepreneurship*）」において、自身を起業支援の執行者ではなく、ファシリテーター、（起業の）提唱者、実現者、そして関係主体の招集者として位置づけてい

る（UNHCR 2022: 11)[1]。そして、多様な関係主体をつなぐ結節点の中心とみなし、ネットワークを構築、拡大している。

　国際機関が難民の起業支援を推進する背景には、それが難民と受け入れ国の双方がウィン・ウィンの関係を築ける手法だからだという認識がある。難民にとっては、収入源を確保できるだけでなく、自信や尊厳を回復し、受け入れ先コミュニティへの円滑な統合が進むことが利点として挙げられ、受け入れ国にとっては、新規雇用創出の可能性や福祉負担の抑止、地域経済にイノベーションがもたらされる効果などが指摘されている。難民を経済的な主体として扱う政策に対しては、過去には国際機関職員や諸国家から抵抗があったというが（Crisp 2021: 4）、そのような懸念や抵抗は、今日ではほとんどみられない。

第2項　難民起業家支援の背景と論点

　難民起業家に対する国際社会の関心が高まっているが、その実態はどうか。難民起業家にフォーカスした統計資料は限られており、本章で取り上げる欧州地域についても、その全体像や傾向を示すことは難しい。だが、OECDと欧州委員会（European Commission）が指摘するように、難民は利用可能な資源（人的資本、社会関係資本、財政的資本）が国民や他の移民と比べて限られているにもかかわらず、「新規雇用を創出するような成功した事業を立ち上げる潜在能力を持つ」（OECD and European Commission 2021: 110）。国によっては、自営業を営む難民の割合が国民やほかの移民集団よりも高いという調査結果もある。たとえば米国では、2015年時点で同国に住む難民の13％が自営業を営んでおり、その割合は難民以外の移民（11.5％）や米国市民（9％）の割合よりも高かった（New American Economy 2017）。また、オーストラリアでは、難民の10％が同国に到着してから5年以内に起業し、10年後には30％に達したという研究報告もある（Legrain 2016）。他方、オーストリア、オランダ、英国に住むおよそ300人のシリア難民を対象とした2017年の調査では、3人に1人（32％）が母国で自営業を営むか家業で働いた経験があったが、欧州到着後

▶1　UNHCRが起業支援に関与する場合は、オーナーシップを提携相手に譲るか、当該国政府のプログラムにUNHCRが組み込まれるようにする姿勢をとっているという（UNHCR 2022: 11)。

に起業したシリア人難民はわずか5人（1.5%）しかいなかった。かつ、1年以上事業を継続できたのは1人だけであり、今後受け入れ先で起業を望む難民は12%にとどまった（Deloitte 2017）。このように、データによって難民の起業の傾向は異なる。受け入れ国での適応の課題や支援のあり方について考察する余地が生まれている。

　ではどのような動機をもった人が、どのような分野で起業するのか。起業の動機については、雇用先がなく、やむを得ず起業する場合と、就職もできるが自己実現のため、みずからの意思で起業する場合の二種類に大別される。起業家支援センターによれば、調査に回答した難民起業家の中で仕事がなかったため起業せざるを得なかったケースは34人中1人しかおらず、望んで起業したという後者のケースが多数を占めた（CFE 2019: 21）。また、どのような分野で事業を立ち上げるかについては、母国の文化を強みとして活かしやすい食料品店や飲食店の経営が最も多かった。だが、デザインやファッション関連業界での起業や電子商取引事業の立ち上げなどもあり、実際には多様である（CFE 2019: 27）。

　難民の起業家を支援する動きについて、先行研究の見方は大きく二つに分かれる。一つは、難民の自立と起業の意義および必要性を自明のものとして受け止め、これをいかに実現するかに焦点を置く研究である（Betts *et al.* 2016; Bizri, 2017; Chliova *et al.* 2018; Shneikat and Alrawadieh 2019）。これらの研究において、起業は、難民を「支援される存在」から「社会に貢献する主体」へと転換するため、難民の自己肯定感を高め、当事者性の回復にも繋がるものであるとして理解されている。ウォータースとランブレクト（Bram Wauters and Johan Lambrecht）は、起業が難民の社会統合を促し、また受け入れ国の社会において「イノベーションをもたらす存在」として難民のイメージが作り変えられるため、反移民・難民感情への対抗言説になりうると主張している（Wauters and Lambrecht 2008）。

　もう一つの見方は、自立や起業に意義と必要性を認めつつも、その概念が内包する新自由主義的な価値観や利害、その実践における経済的視点への偏りを認め、慎重な姿勢をとる研究である（Skran and Easton-Calabria 2020）。新自由主義的な論理において、個人は市場主義と自己責任によって特徴づけられる

(Harvey 2007: 5)。自立や起業は、被支援者または被保護者として語られる難民を、みずからの責任で判断、行動し、リスクを受け入れる「強い主体」に転換する。ただ難民であるだけでは受け入れられるために十分でなく、経済的に貢献する人材、イノベーションをもたらす人材だという姿をみせなければならない。こうした見方からは、起業は、市場中心の価値観を反映した難民像にあてはまらない人々を容易に周縁化してしまう支援構造となる。

ヨルダンの難民キャンプで暮らすシリア難民に対する起業家育成の取り組みを論じたターナー（Lewis Turner）は、難民起業家は、受動的で援助に依存しているというイメージを難民から切り離すが、資本主義経済に難民を位置づけ強靭性と革新的というイメージを難民と連結すると論じている。ターナーは、難民の経済的自立に注目するのではなく、難民が置かれた状況の根本的な原因や社会構造を変えるよう働きかけるべきだと主張している（Turner 2019）。ギュルセル（Duygu Gürsel）は、トルコのシリア難民を事例とした研究において、経済的利益をもたらす難民が優遇され、難民を包摂するための制度が排除の論理として作用する「差異化された包摂」が同国で進んでいることを指摘する（Gürsel 2017）。失敗した場合のセーフティネットや受け入れ社会との法的、社会的紐帯が並行して構築されなければ、難民は不安定な立場にとどめ置かれたままとなってしまうということである。

こうした議論を踏まえると、起業を望む難民にどのような主体が支援をしているのか、その支援構造を明らかにすることは、難民の当事者性の回復を検討するうえで不可欠である。

第2節　就労・起業をめぐる欧州の制度的環境

難民の起業をめぐる欧州の制度的環境は、どのようなものだろうか。ここではEU加盟国および英国を中心に概観する。

第一に、難民の就労や起業に関する権利は、難民条約で規定されている。具体的には、難民条約は賃金が支払われる職業（第17条）に関しては最恵国待遇（同一の事情のもとで外国の国民に与える待遇のうち最も有利な待遇）を、起業に関係する自営業（第18条）、そして自由業（第19条）に関しては一般外国人

並みの待遇（同一の事情の下で一般に外国人に与える待遇よりも不利でない待遇）を与えるよう求めている。欧州では大多数の国が難民条約に加盟しており、第17条をはじめとする一部の条項について留保を付ける国があるものの、各国は条約の規定に基づき難民の権利を保障する義務を負っている。

　第二に、EUは、欧州共通庇護制度の中で難民の就労と起業に関する権利を規定しており、これは難民条約で保障される権利を補完するものとなっている。改正資格指令（2011／95／EU）第26条第1項は、国際的保護の受益者に対し、保護が与えられたあと直ちに職業および公務に関する規則に従って雇用され、または自営活動に従事することを加盟国は認めなければならないと規定している。同指令第26条第2項は、国際的保護の受益者に対して雇用教育の受講機会、職業訓練、実務経験、カウンセリングなどを加盟国が国民と同等の条件で提供しなければならないと定めている。なお、2024年に行われた大規模な法改正[2]によりEUは改正資格指令に代替する資格規則（2024／1347）[3]を採択した。これにより、雇用・労働条件や結社および所属の自由などに関する権利が強化されている。

　他方で、庇護申請者[4]に対する権利保障は、難民に対する権利保障と比較して限定的である。2024年に採択された改正受入指令（2024／1346）[5]は、庇護申請者の労働市場への参入や雇用・労働条件等について、従前の指令（2013／33／EU）と比べると改善されているが、無条件で保障しているわけではない。何より、本章の主眼である自営業を営む権利については、2013年当時の

▶2　2024年5月にEUが採択した「移民と庇護に関する協定（Migration and Asylum Pact）」によって、資格規則や受入指令など難民受け入れに関する制度が改正された。

▶3　Regulation (EU) 2024/1347 of the European Parliament and of the Council of 14 May 2024 on standards for the qualification of third-country nationals or stateless persons as beneficiaries of international protection, for a uniform status for refugees or for persons eligible for subsidiary protection and for the content of the protection granted, amending Council Directive 2003/109/EC and repealing Directive 2011/95/EU of the European Parliament and of the Council.

▶4　ここでは、すでに庇護申請を行っているという意味を強調するため、庇護希望者ではなく庇護申請者という用語を用いる。

▶5　Directive (EU) 2024/1346 of 14 May 2024 laying down standards for the reception of applicants for international protection (recast) (2024/1346).

指令には言及がなく、2024年の改正受入指令の前文において「自営業を営む庇護申請者に国民と同等の待遇を与えることができる」と記載されたのみであり、庇護申請者の起業の可否、条件の設定は各国に委ねられている。

実際、欧州難民協議会（ECRE）の報告によれば、庇護申請者の起業の可否は各国で異なる。たとえばスロベニアでは、労働市場への参入が認められた庇護申請者は追加要件なしに自営業を営むことが可能である。ベルギーでは、申請すれば自営業を営む資格が与えられるが、国内の地方によっては認められない場合もある。アイルランドでは庇護申請者は起業できるが、他企業と事業提携を結ぶことはできない。ドイツでは庇護申請者の起業は認められていなかったが、2020年以降、一定の条件下で可能となった。他方、ハンガリーでは庇護申請者は起業できない（ECRE 2024: 5-6）。英国も、庇護申請者の起業は原則許可されていない（UK House of Commons 2024: 6）。

次に、職業訓練やカウンセリングなど就労や起業を見越した公的な支援についてである。2016年に欧州委員会（European Commission 2016）が行った調査によると、すべてのEU加盟国および英国が、就職相談や技能向上研修について難民にも門戸を開いていた。さらに、多くの加盟国が庇護申請者の参加も可能としていた。

しかしながら、相当数の加盟国において制度と実態のあいだに開きがあることが指摘されている。まず就職相談や研修プログラムは、失業した市民や移民と同じ枠で実施されており、難民の実情に合せた研修プログラムが開講されているわけではない。次に、支援プログラムはその国の公用語で開講されており、難民の参加が困難となっている。先述した欧州委員会による調査において、少なくともブルガリア、エストニア、フィンランド、ハンガリーの職員がこれを自国の課題として挙げている。また、ギリシャでは、難民収容所によって研修の有無に違いがあり、収容されている難民のあいだで情報や研修を享受する機会の格差が生じている。同様に、アイルランドでは自治体によって情報へのアクセスや享受できる公共サービスが異なり、高等教育や職業訓練の費用も問題視されている。さらに、近年難民が押し寄せるイタリアでは、需要に比して提供されるプログラム数が不足しているという（European Commission 2016）。起業に対する支援については、欧州生活労働条件改善機関（Eurofound 2016: 31-

181

32）によれば、難民を対象とした起業支援制度を独自に用意している加盟国はスペインのみであった。欧州委員会は、雇用者団体や労働組合など各国の社会的パートナーとよばれる主体の体系的関与の不在も指摘している。

　欧州諸国では、難民の就労と起業に関する法制度は整備されているが、庇護申請者については難民よりも厳しい制約が課されている。そして、難民・庇護申請者の就労・起業に対する公的支援は依然として不十分な面があることが理解される。

第3節　欧州における難民の起業支援の取り組みとNGO

　前節でみたように、難民への公的な支援が十分でない中で、NGOは重要な支援主体となっている。ただし、同じNGOの中でも、その組織形態や掲げる目標や価値は多様である。ECREには、欧州40か国で難民支援を行う126団体が加盟している。加盟団体には、慈善団体（英国・難民協議会など）や信仰に基づく組織（Caritas（カリタス）など）、人道主義の理念から支援する組織（赤十字など）などが含まれる。これらの従来から難民支援を担ってきた組織の多くは、人権や人道主義、保護の理念などを中心的な価値として掲げている。

　その一方で、近年、難民の起業支援に参画しているNGOの中には、社会的企業型の性質を反映した組織がみられるようになっている。社会的企業は「社会的課題の解決を目標とし、市場を通じた解決策を提示する」ことに特徴があるとされる（Defourny and Nyssens 2010; Nicholls 2006）。他に、事業性（ビジネスであること）、革新性（イノベーション、新しい仕組みの提供）、そして社会性（社会的ミッション、社会的成果、社会的課題にかかわる新しい秩序や規範を創出する能力）の3点に着目した見方も先行研究で紹介されている（木村ほか2013: 344）。前述した起業家支援センターによる調査対象組織（39団体）のうち、19団体は社会的企業としての特徴を自身の組織に見出していた（CFE 2019: 12）。なお欧州の難民起業支援NGOは公的機関による助成、寄付金で運営資金をまかなうケースが多く、その点で事業性が必ずしも高くはないが、企業との共同企画の実施などによって収益化をはかるケースもある。これから取り上げる事例のように、NGOスタッフは難民支援に従事してきた者だけではなく、社会

的起業家としての職業的アイデンティティをもつ者や、過去に投資業務についていた者、自身が起業経験を持つ者が参画している。

本章では欧州の難民起業支援を行うフランスのシンガと英国の起業家支援センターを取り上げる。シンガはフランス・パリから始まり、現在までに欧州だけでなく世界に支部をもつ組織として、難民の起業支援分野で注目されているNGOである。起業家支援センターは直接難民に起業支援を提供せず、難民に対する起業支援のニーズを掘り起こし、公的機関や民間企業、NGO等を動員しネットワーク化を図るなど先駆的な取り組みを行ったことで知られている。

本章では、次の3点に留意してNGOを分析する。1点目は組織設立の経緯である。設立者はなぜ難民問題に関心をもち、なぜ起業を通した支援を思い立ったのか。設立のきっかけを知ることで、それぞれのNGOが、難民に関する何を具体的に課題として認識したのか、難民をどのような存在として捉えているのか、そして何が解決策と捉えられているかを明らかにする。2点目は、支援手法である。支援プログラムが、難民の当事者性を養うような構成になっているのかを把握する。3点目は資金提供者を含めた関係主体との連携状況である。先行研究は、難民の起業を支援するNGOの多くが、資金調達モデルを確立できていないと指摘している（Embiricos 2020: 257）。資金不足は、組織で働く人材の確保や提供するサービスの質に影響を与え、さらに資金提供者の選好に応じて活動が調整される可能性を生む。資金という点以外でも、どのような主体と協働するか、どのような関係性のネットワークを構築するかという点も重要である。これらを問うことで、起業支援の取り組みが、難民の当事者性の向上に導くような構造になっているかを分析する。なお、シンガと起業家支援センターに関する情報は、筆者が2021年に行った半構造化インタビューおよび公式ホームページ、そして報道記事等に基づいている。

事例1　フランス・シンガ（SINGA）

シンガは、2012年にフランス・パリで設立されたNGOである。難民と庇護申請者の起業支援を目的に設立され、現在までにその規模も支援対象も大きく広げてきた。規模については、2024年10月末現在までに世界7か国、フランス国内9都市に支部をもち、5万人の会員を擁するグローバルな組織となって

いる。そして、難民だけでなく移民、そして一定の条件のもと市民も対象となっている。

　その設立のきっかけは、シンガ創設者の一人、ギヨーム・カペル（Guillaume Capelle）のオーストラリアにおける経験にある[6]。カペルは、シンガ設立の前年（2011年）に国際NGOのアムネスティ・インターナショナルの法務アシスタントとして、オーストラリアの収容所にいる庇護希望者の支援業務についていた。かれらと交流する過程で、カペルは、難民は芸術家や起業家など、その才能を活かせば大きな可能性を有している人々であるにもかかわらず、社会制度が「それを活かせるように機能していない」ことに気が付いた。そして母国のフランスには、難民の生活支援や手続き支援に関するNGOはあったが、起業支援を中心に展開するNGOはほとんどみられなかった。そこでカペルは、フランスに帰国後シンガを設立した。起業に着目したのは、それが「難民の知識や技術を披露し活用するのに最適な方法」であり、雇用される場合はそうした「価値がみえなくなってしまう」と考えたからだという。

　シンガの起業支援は、起業準備期、創業期、事業加速期に起業プロセスを分類し、各時期に必要な知識を得るための座学や事業計画の策定支援、起業家や投資家、専門家とのネットワーキングの機会、言語研修などを提供するものである。研修期間は2〜9か月であり、段階が進むほど、見込みのある人が選ばれ、少人数形式で受講できるようになっている。シンガの支援の特徴は純粋な起業支援にとどまらないことである。これまでに、言語支援のためのアプリケーション開発や住居支援（フランス人の家庭でホームステイをし、地域社会に溶け込みながら生活の安定を図る）、スポーツイベント、文化イベントの開催などを通じて地域の人々と交流し、生活の安定を図るような取り組みを行っている。

　「欧州難民危機」が発生した2015年には、シリア出身者を中心とする714人の難民に対して、ビジネスの新規立ち上げについてのアドバイス、住居提供、語学研修の提供など、幅広い支援を行った（SINGA 2015: 15）。コロナ禍で実際の活動が困難であった2021年においても、オンライン研修やメンター

▶6　ギヨーム・カペル氏へのインタビュー、2021年9月21日（オンライン）。

シップなどを通して7事業の立ち上げを実現し、2022年は16の起業を支援した（SINGA 2022: 59）。こうした起業支援を合計すると、2016年から2024年までに320を超える事業の立ち上げに関わってきたという。なお2023年にはホテル運営企業のアコー（Accor）と提携し、3年間で1,500人の難民起業家を育成する計画が進行中である[7]。

アコーとの提携をはじめとして、シンガは様々な主体をスポンサーにもち、また連携している。今日までに、フランス内務省や労働省、地方自治体、公的投資銀行（BPI France）、ロスチャイルド財団、ヘルメス財団、ビザ（Visa クレジットカード発行企業）、ゼネラリ・フランス（Generali France 保険会社）、ロレアル（L'Oreal 化粧品会社）など公的機関、大手金融機関、財団、企業から助成金や寄付金を獲得し、また共同企画を立ちあげている（SINGA 2022）。その予算規模は2023年で180万ユーロにもなる（SINGA 2023）。各国にあるシンガのネットワークを率いてきたのはフランス・パリに拠点を置くシンガであったが、2023年以降はシンガ・グローバルが全体を統括している。

なお、インタビューによれば、シンガは設立後の約3年間は出資者をみつけることができなかったとされる。しかし、世界最大規模の社会起業家支援ネットワーク・アショカ（Ashoka）のプログラムに選ばれたことを契機に、資金と社会起業家業界における信頼を得たという。カペルは、これをシンガが社会的企業型の性質をもつ組織だと認識したきっかけの一つだとも指摘している。

シンガの目標は、カペルによれば「グローバルな人の移動を支配するルールを変える」ことである。その理由は「新たに構築される人と人とのつながりは、社会にイノベーションをもたらす。そうであれば、人の移動を阻む法制度は変わるべき」だからである。こうした発言からわかるように、シンガにとっての難民に関する課題とは、難民ではなく難民の可能性を活かせない社会の側にある。この点で、難民の受け入れの厳格化を進める先進諸国の姿勢とシンガの姿勢は全く同一ではない。しかしながら、それが諸国家への対抗言説や異議申し

▶ 7　SINGA (2023) SINGA and Accor join forces to strengthen entrepreneurship for newcomers in Europe. https://singafrance.com/en/stories/singa-and-accor-join-forces-to-strengthen-entrepreneurship-for-newcomers-in-europe/（最終閲覧日：2024年10月1日）.

立て運動を生み出す力に還元されているわけではない。むしろ、経済活動を通じて新しい社会での生活を確立するというシンガの支援は、国際社会の主要アクターである諸国家と国際機関が推進する方向性と一致している。目指す最終地点は異なりながらも、結果として国際社会が掲げる難民の（経済的）自立という目標を市民社会レベルで実現する役割を担っているといえる。

事例2　英国・起業家支援センター（CFE）

　起業家支援センターは、2013年に英国・ロンドンで「英国をより起業家的な国にする」ことを目的として設立された、起業支援分野で英国を代表するNGOである。設立当初から、起業家育成プログラムの開発、研究調査、起業家コミュニティの構築、提言活動を行ってきた。支援の対象者として念頭に置いていたのは、「社会で顧みられない立場にある人々」であり、これまで受刑者や女性が対象となってきた。また、起業家支援センターのメンバーは、起業家や投資家、あるいは起業の戦略的な分析やエコシステムの構築を専門とする人々が多くを占めている。

　起業家支援センターが難民を対象とした活動を開始したのは2017年である。「欧州難民危機」によって難民への社会の関心が高まっていた当時、起業家支援センターは難民の失業率が国民の失業率よりも高く、政府による難民の社会統合政策が効果的でないという認識を持っており、それが難民への起業支援を開始するきっかけとなったという（CFE 2018: 7）。[8] なぜ起業を通した支援をすべきなのかという点について、起業家支援センターは、起業が「難民に自分の人生をコントロールする 機会を与え」、「労働市場で直面する障壁を克服する」ため有効な手法であると指摘した。そして、英国で難民が再定住を成功させるうえで起業はおそらく最も革新的で効果的な解決策である（「解決策としての起業（"Entrepreneurship as the solution"）」）という考えを提示した（CFE 2018: 7-8）。なお、2024年に入ってから起業家支援センターによる目立った難民に関連する活動がみられず、後述する起業支援ネットワークも他組織に移管中である。しかし、起業家支援センターはこれまで難民の起業支援において重要な役

▶8　起業家支援センターの上級研究員へのインタビュー、2021年8月26日（オンライン）。

割を果たしており、以下、同組織のこれまでの活動を分析していく。

　起業家支援センターは、シンガなど他のNGOと異なり、直接的に難民起業家の育成をしないことに特徴がある。支援の手法は、調査研究、提言およびロビー活動、同業者・支援者コミュニティの構築と資金調達による同業者支援である。起業家支援センターは、調査機関として難民の起業支援をめぐる英国、欧州世界の状況と難民起業家をとりまく課題について調査し、発信している。その活動は英国内務省の目に留まり、並行して展開したロビー活動も功を奏し、政府の事業を任されてきた。具体的には、起業家支援センターは、2019年に内務省が国営宝くじ基金と共同で展開した難民起業支援パイロット事業を受託した。[9] 起業家支援センターは、難民および脆弱な移民の生活支援や起業・ビジネスネットワークの構築等で実績をもつ国内4団体（ACH、East Belfast Enterprise、スタッフォードシャー商工会議所、MENTA）に事業の実質的な運営を任せ、自身は全体の監督業務を担った。パイロット事業には、事業期間（1年間）中に300人以上の難民が参加し、112人が研修を受けたという（Richey *et al.* 2021）。この結果をもって、起業家支援センターは難民コミュニティの間に起業支援への需要が相当あり、同時に支援活動が難民の起業を実際に促すことがわかったと論じている。

　もう一つの起業家支援センターの重要な活動は、欧州内外の同業者・支援者によって構成される難民起業ネットワーク（REN）の構築である。RENは、2024年現在、その業務を他の組織に移管中のため停止しているが、2018年からおよそ6年間、起業支援NGOとその活動に賛同、協力する政府機関や民間企業、合せて100近い組織が参加する規模の大きいコミュニティとして機能した。UNHCR、UNCTAD、IOM、ILOなど難民の起業に関心をもつ国際機関が多く参加し、政府機関に関しては英国内務省やランカシャー州など、地方自治体も含めた公的機関が名を連ねた。また、民間企業としてはアマゾン（Amazon 電子商取引企業）やリンクトイン（LinkedIn ビジネスネットワーク企業）、ナットウェスト銀行（NatWest 金融機関）などの大手企業が参加した。

▶9　UK Home Office（2019）News Story: Entrepreneur training pilots for refugees launched across the UK, 17 October. https://www.gov.uk/government/news/entrepreneur-training-pilots-for-refugees-launched-across-the-uk（最終閲覧日：2024年10月1日）.

RENは、定期会合を通じて好事例や課題を共通するプラットフォームとして機能したが、議論を踏まえ、難民の肯定的な言説を構築するための提言活動をグローバルに展開することも目標としていた。加えて、RENは支援者・協力者のためのコミュニティとして機能するだけでなく、自分達が拠点を置く国や地域の外に住む難民に支援するチャネルを構築した。具体的には、定期会合の際に起業を望む難民が事業計画を発表、競い合うイベントを設けた。そして事業が評価された難民には、国境の枠を超えて、また国家や国際機関のプロジェクトを介在せず、援助を提供する経路が開拓された。

　起業家支援センターにとって、難民に関する社会的課題とは、受け入れ側の制度が整っていないために、難民が社会統合を果たせていないということであった。そして、その課題に対応する解決策は起業であった。起業を自己決定能力を養う手段として肯定的に捉えており、シンガと同様に、自立と起業を推進する難民レジームの方向性と矛盾しない。総じて、起業家支援センターは難民の起業支援のニーズを開拓し、多くの国際機関、大手民間企業、政府機関を取り込み、難民の社会統合を起業を通じて進めるためのプラットフォームの構築を担ったといえる。

第4節　考察

　二つの起業支援NGOを事例に、その設立の背景と支援手法、多様な支援主体との連携について概観してきた。難民起業支援NGOの全体的な組織的特徴なども合せ鑑みると、以下の3点が指摘できる。

　一点目は、設立の経緯と専門性についてである。シンガも起業家支援センターも、そして難民の起業支援に参入する他の多くのNGOもそうであるが、起業支援の取り組みは、社会的課題の解決に関心を持ち、起業を通した難民の社会的、経済的な統合に関心と専門性をもつ人々が先導している。前節でみたように、シンガは創設のきっかけに庇護申請者との交流があるが、「欧州難民危機」を通して難民の存在が欧州で可視化され、難民の統合が取り組むべき社会的課題として捉えられたことが大きく影響したといえる。

　二点目は難民をどのような存在として捉えているかについてである。シン

ガや起業家支援センターの公式ホームページやプレスリリースにおいて、「迫害」や「保護」、あるいは「人道主義」といった用語をみつけることは困難である。代わりに、「能力を持った有用な人材」であり、受け入れ国にとっては「イノベーションと経済成長の源」として地域と難民双方に利益をもたらす存在であるというメッセージが強調されている。こうした考えを起業で実践することで、社会の難民に対する認識が変わると期待されており、そうした手法そのものが革新的であるとみなされている。

　難民を有用な人材として取り上げる過程で、保護と支援の受け手としての難民像を全く後景に退かせることは、様々な課題を残す。ギュルセルが指摘したように、難民を包摂するためのスキームで排除は起こりうる。良い起業アイディアをもつ難民を国境を越えて支援する取り組みと同時に、病気など様々な事情のために起業はもちろん労働力を提供することが困難な難民、起業を意図しない難民へも支援がなければ、後者の難民が取り残されてしまう。また、難民起業家であることは、セーフティネットなくリスクを背負える「強い」難民であることと同義ではない。難民は、OECDが指摘したように活用できる資源に限りがあるとするならば、起業がうまくいかなかった場合にさらに脆弱な立場に追い込まれてしまう。すなわち、起業支援の過程では、社会的側面も含めた難民の包括的な支援が考慮される必要がある。その点からいうと、シンガの取り組みは、専門的な起業支援が提供される一方で受け入れ先のコミュニティに溶け込むためのプログラムが用意されており、一つのモデルケースとなりうる。

　三点目は、多様な支援主体との連携についてである。途上国においては、難民支援に携わるNGOと国際機関とのあいだに力の非対称性による緊張関係が生じるという指摘がある（Ferris 2003: 126）。だが、本章の事例では、こうした関係性は部分的にしかあてはまらない。むしろ、国際機関や政府からのトップダウンでない、非階層的なネットワーキングの様子がうかがえる。国や自治体などの公的機関だけではなく多くの民間企業やアショカのような他の社会的企業型NGOと提携し、また出資を受けることで、特定の主体に恒常的に依存していない。多くの民間企業を起業支援コミュニティに動員していることは、パートナーシップの構築や運営の安定性という点でも歓迎すべき動きである。

その反面、市場中心的な論理が強いコミュニティが構築されているともいえるため、難民の人権や保護のニーズに応える NGO などの主体との関係構築も求められるのではないだろうか。

おわりに

　本章では、難民の自立のために、誰がどのような支援を実践しているかを、起業支援に注目して論じた。その過程では、難民問題を社会的な課題として捉える NGO が事業を立ち上げ、政府機関、民間企業、国際機関を取り込みながら支援の担い手となっていることを明らかにした。だが、NGO の事業が世界的な企業と提携し、影響力をもつようになるほど、起業が難民すべてに適用される解決策ではないことにあらためて留意する必要が出てくる。経済的な自立が、難民が生活を再建するうえで重要なことはいうまでもない。だが、戦争や紛争、迫害を逃れ保護を必要とする難民としての姿はみえずに、「イノベーションをもたらす有用な人材」という部分だけが切り取られれば、難民の多面性は覆い隠されてしまう。難民の当事者性を回復するには、経済的自立だけでなく、難民としての脆弱性や保護されるべき存在としての側面を考慮するアプローチが不可欠である。市場中心的な論理が支援の枠組みにおいて主流化するなかで、従来の人道的なアプローチとどのように調和すべきかは、先進諸国においてこそ今後も課題となるだろう。

❖ 参考文献 ❖

木村富美子・荻原清子・堀江典子・朝日ちさと（2013）「日本における社会的企業の現状と課題」『地域学研究』第 45 巻 3 号：341-356.

村橋勲（2021）『南スーダンの独立・内戦・難民』昭和堂.

Betts, A., L. Bloom, J. Kaplan and N. Omata (2016) *Refugee Economics: Forced Displacement and Development*, Oxford: Oxford University Press.

Bizri, R. M. (2017) "Refugee-entrepreneurship: a social capital perspective," *Entrepreneurship and Regional Development*, 29(9-10): 847-868.

Centre for Entrepreneurs (CFE) (2018) *Starting Afresh: How entrepreneurship is transforming the lives of resettled refugees*, March.

Centre for Entrepreneurs (CFE) (2019) *Global Refugee Entrepreneurship Survey 2019*.

Chliova, M., S. Farny and V. Salmivaara (2018) *Supporting refugees in entrepreneurship*, Organisation for Economic Co-operation and Development (OECD).

Crisp, J. (2021) "Briefing: are labour mobility schemes for skilled refugees a good idea?", *Free Movement*, 5 August.

Defourny, J. and M. Nyssens (2010) "Social Enterprise," in Hart, K., J. Laville and A. D. Cattani eds., *The Human Economy: A Citizen's Guide*, Cambridge: Polity Press, 284-292.

Deloitte (2017) *Talent displaced: The economic lives of Syrian refugees in Europe*.

Easton-Calabria, E. (2022) *Refugees, Self-Reliance, Development: A Critical History*, Bristol: Bristol University Press.

Embiricos, A. (2020) "From Refugee to Entrepreneur? Challenges to Refugee Self-reliance in Berlin, Germany," *Journal of Refugee Studies*, 33(1): 245–267.

Eurofound (2016) *Approaches to the labour market integration of refugees and asylum seekers*.

European Commission (2016) *Mapping of Refugee Integration Policies across EU Member States*.

European Council for Refugees and Exiles (ECRE) (2024) Policy paper: *The right to work for asylum applicants in the EU*, January.

Ferris, E.G. (2003) "The Role of Non-Governmental Organizations in the International Refugee Regime", in Steiner, N., M. Gibney, and G. Loescher eds., *Problems of Protection*, Routledge.

Gürsel, D. (2017) "The Emergence of the Enterprising Refugee Discourse and Differential Inclusion in Turkey's Changing Migration Politics", *Journal for Critical Migration and Border Regime Studies*, 3(2): 133-146.

Harvey, D. (2007) *A Brief History of Neoliberalism*, Oxford: Oxford University Press.

Khademi, S., C. Essers and K. Van Nieuwkerk (2023) "Refugee entrepreneurship from an intersectional approach", *International Journal of Entrepreneurial Behavior and Research*, 30(11): 46-63.

Legrain, P. (2016) *Refugees Work: A humanitarian investment that yields economic dividends*, OPEN and Tent, May.

New American Economy (2017) *From Struggle to Resilience: The Economic Impact of Refugees in America*, Report, June.

Nicholls, A. (ed.) (2006) *Social Entrepreneurship: New Models of Sustainable Change*, Oxford: Oxford University Press.

OECD (2019) "Policy Brief on Refugee Entrepreneurship", *OECD SME and Entrepreneurship Papers*, 14.

OECD and European Commission (2021) *The Missing Entrepreneurs 2021: Policies for Inclusive Entrepreneurship and Self-Employment*.

Richey, M., J. Brooks, R. Randall and M.N. Ravishankar (2021) *UK refugee entrepreneurship pilot scheme: Independent Evaluation*, CFE.

Shneikat, B. and Z. Alrawadieh (2019) "Unraveling refugee entrepreneurship and its role in integration: empirical evidence from the hospitality industry", *The Service Industries Journal*, 39(9-10): 741-761.

SINGA (2015) *Rapport d'activité 2015 de SINGA France*.

SINGA (2022) *Rapport d'activité 2021 de SINGA France*.

SINGA (2023) *2023 Activity Report: TO INFINITY AND BEYOND?*

Skran, C. and E. Easton-Calabria (2020) "Old Concepts Making New History: Refugee Self-reliance, Livelihoods and the 'Refugee Entrepreneur'", *Journal of Refugee Studies*, 33(1): 1-21.

Turner, L. (2019) " '#Refugees can be entrepreneurs too!' Humanitarianism, race, and the marketing of Syrian refugees", *Review of International Studies*, 46(1): 137-155.

UK House of Commons (2024) "Asylum seekers: the permission to work policy," *Common Library Research Briefing*, 26 July.

UN (2018) *Policy Guide on Entrepreneurship for Migrants and Refugees*.

UNHCR (2005) *Handbook for Self-reliance*.

UNHCR (2022) *Global Trends: Forced Displacement in 2021*.

Wauters, B. and J. Lambrecht (2008) "Barriers to Refugee Entrepreneurship in Belgium: Towards an Explanatory Model," *Journal of Ethnic and Migration Studies*, 34(6): 895-915.

World Bank (2023) *Refugee-Related Investment: Myth or Reality?*

あとがき

　この本は、日本学術振興会の助成を受けた科研費研究課題「国際難民保護レジームの課題と挑戦――当事者性の回復をめぐる理論・実証研究」の成果の一部として、研究会メンバーの議論を経て形作られたものである。難民レジームの課題を当事者である難民の立場から再考する本書の背景には、私たちが現在進行形の難民支援や保護に対して抱く問いや違和感があった。

　2015年の欧州における大規模な難民の到来の経験を経て、国連は2016年にニューヨーク宣言を発表し、2018年には難民に関するグローバル・コンパクトが採択された。こうした取り組みは国際協調のための大きな前進であるが、一方で難民を遠ざけようとする政策や実践は各国で進行している。難民のための制度、政策に難民自身の視点や利益が十分に反映されていないのではないか――そのことに違和感を覚え、現行の難民保護、支援のための制度や実践がいかなる役割を果たしているかを再検討し、何ができるのかを議論する必要があると感じたのである。

　もう一つのきっかけは、編者の個人的な経験に基づく。数年前に調査のためギリシャを訪問した際、シリア難民の男性に話を聞く機会を得た。母国ではジャーナリストだったというその男性が吐露した不満は重みがあった。「多くの人びとが『調査』といってギリシャなど難民が逃れる国にやってくる。難民問題の改善や解決のためだというが、母国シリアの状況は一向に変わらない。私から話を聞いて何を変えてくれるというのか」。この男性のもとには多くの研究者やジャーナリスト、国連職員が来て話を聞いたことだろう。聞く側はいとも簡単に空を飛んでやってきて、聞くだけ聞いてさっさと帰っていく。聞かれた側は取り残され、その苦悩や境遇は変わらない。「一体どうしてくれるんだ」という思いが聞こえてくるようだった。この経験を通じて、難民が抱える葛藤や、それを乗り越えて生き延びようとする力、そしてかれらを取り巻く制度的な状況について改めて考えるようになった。難民の保護を供与する主体は

国家であり、国際的な取り決めも基本的には国家間によるものである。この現実を認識しつつも、どうしたらより難民を中心に据えた保護・支援体制を築けるのか。この研究プロジェクトはこうした難題に挑戦するものであった。

　こうして研究会が始まったが、その道のりは平たんではなかった。科研費課題として採択され、これから研究を始めようとした2020年、新型コロナウィルス感染症が世界的な流行をみせた。メンバーはみな海外での現地調査を予定していたが、断念せざるをえなかった。国内でも移動が難しくなり、研究会も初回からオンラインでの開催を余儀なくされた。対面での議論ができないもどかしい日々はおよそ2年続いた。さらに、2022年2月にはロシアによるウクライナ侵攻が始まり、欧州方面への渡航計画に再度影響を及ぼした。こうした状況から、文献・一次資料を中心とした研究となり、また聞き取り調査に関してはインターネットを通じたものも活用された。

　また、難民の当事者性を検討する作業は想像以上に困難であった。まず、当事者性という概念は、様々な類似の用語とともに分野横断的に論じられているが、本研究プロジェクトではいかに定義されるべきかについて、多くの時間を割いて議論を重ねた。最終的には自己決定能力を軸とする概念として落ち着いたが、今後もさらに検討・議論の余地がある部分だろう。また、私をはじめ、研究メンバーの多くは、必ずしも難民個人や難民コミュニティに焦点をあてて研究をしてきたわけでも、実務家として難民保護に関わってきたわけでもない。いかに当事者性の回復を捉えるのか。これはわたしたちにとって大きな挑戦であった。だが、マクロな国家や地域機構、国際機構をもっぱらの対象としてきた研究者こそ、この問いに挑戦し、固定的な国益を現実的とする以外の視点を提起すべきだと考えた。

　こうして本書を出版できたのは、ひとえに多くの人々の支えがあってこそである。まず、本書の執筆陣である飯笹佐代子氏、上野友也氏、柄谷利恵子氏、小林綾子氏、杉木明子氏、大道寺隆也氏は、それぞれが第一線で活躍する研究者であり多忙を極める中、研究会メンバーとしてともに議論し研究を発展させてくれた。なお、飯笹氏と小林氏には途中からプロジェクトに入ってもらった。飯笹氏については、日本国際政治学会で国外難民収容所に収容された庇護希望者の「リアル」に迫る報告をしていただき、当事者の視点への理解を深めるた

あとがき

めに是非にとお願いし参加いただいた。小林氏については、ゲスト講師として研究会にお招きした際に、UNHCRの役割や緒方貞子による難民（帰還民）支援の実践についてお話しいただき、大いに刺激を受けご参加をお願いした。執筆メンバーで定期的に集まり、意見を交わし議論する時間は、学び多く刺激に満ちたものであった。ここに心からの感謝を申し上げたい。本書における未熟な点や誤りの責任はひとえに編者にある。

　本研究は、国内外の学会での研究報告を通して多くの方々から貴重なコメントをいただく機会に恵まれた。2022年度の日本国際政治学会研究大会では、杉木、飯笹、堀井が報告し、討論者の中坂恵美子氏（中央大学）と土谷岳史氏（高崎経済大学）そしてフロア参加者から示唆に富むご意見をいただいた。翌年の同大会では、柄谷、上野、大道寺が報告し、赤星聖氏（神戸大学）、小林綾子氏、そしてフロア参加者から有益なご意見をいただいた。いただいた意見は持ち帰りその後の研究会で振り返りを行い、議論に反映させた。

　さらに、本研究会が主催した定期研究会やワークショップで、随時研究者や実務家を招聘し意見交換する機会を得た。ヴィッキー・スクワイヤ氏（ウォーリック大学）、ジェームス・ハンプシャー氏（サセックス大学）、小川裕子氏（東海大学）、エヴァン・イーストン＝カラブリア氏（タフツ大学）、小池克憲氏（UNHCR）、辻上奈美江氏（上智大学）（時系列順）をはじめとした皆さまに感謝の言葉を申し上げたい。

　なお、研究期間を通して、編者が勤務する国際教養大学の学生からサポートを受けた。とくに最終年度のリサーチ・アシスタントである森田陽湖さんには、略語や索引の作成を含め、様々な面で貢献していただいた。また、本研究は先に挙げた科研費の助成を受けたが、執筆者の中にはほかの助成も受けている（その場合は当該章末に記載されている）。

　出版に際しては、明石書店の神野斉さんと寺澤正好さんには大変お世話になった。初めての学術書出版でわからないことも多く、また私の遅筆ゆえにお待たせし大変なご迷惑をかけた。それでも丁寧にご対応いただいた。家族も、最後まで温かく支えてくれた。

　当事者性をどのように捉えることが難民の実態に迫るのか、本書はむしろその複雑性を浮き彫りにしたといえるかもしれない。しかし、保護と支援をめぐ

る制度的な課題や難民の葛藤、そして今後の国際支援のあり方について、当事者に寄り添った難民レジームの構築を目指す上で、本書が提起した問いや論点が今後の研究の発展に寄与できれば幸いである。

　執筆者を代表してすべての関係者の皆様に深く感謝申し上げます。

2024 年 11 月 2 日

堀井 里子

索引

あ行

アガンベン, ジョルジョ Agamben, G. 126-128
アフガニスタン 43, 49, 82
アフリカ連合(AU) 93-94
アムネスティ・インターナショナル(AI) 89, 93, 141, 184
アメリカ(合衆国)／米国 25, 42-43, 50, 55-56, 79, 141-142
新たな植民地主義／新植民地主義 138, 144
アルバニア 50
安全で秩序ある正規移住のためのグローバル・コンパクト(GCM) 27, 119-120
イスラエル 55
イラン 43, 52, 128, 133
インドネシア 126-129, 133, 136
ウガンダ 11, 14, 36, 152, 162-164
欧州難民危機 11, 27, 173, 184, 186, 188
欧州連合(EU) 11, 59, 70-71, 94, 179-181
OAU難民条約 26, 80-81, 85, 92-93
オーストラリア／豪州 125-144, 177, 184
緒方貞子 17, 20-21, 26, 149, 153-160, 162, 165, 167-168

か行

ガザ 27, 55-56
神の抵抗軍(LRA) 152
帰還 11, 13, 17, 19-21, 48-49, 56, 75-77, 79-95, 104, 109-110, 149, 152-156, 160-164, 166, 168
起業支援 173-177, 182-190
規範 19, 75-81, 85, 92-95
規範対抗理論 77
共生 20, 153-162, 164-168
共生を想像する 17, 20-21, 149-150, 153, 155, 157-161, 163-168
共存 157-158, 161-162, 166
キリアーカル・システム 137
クルド 26, 42-43, 48, 52, 133, 135-136, 138
グローバル異議申立デモクラシー 18, 59-60, 64-66, 71-72
グローバル・ガバナンス論 28-30, 45
行為主体性／主体性 10, 16, 32-35, 150-154, 158-159, 165, 168
恒久的解決(策) 11, 16, 19, 44, 67, 104-116, 118-119
国際難民都市ネットワーク(ICORN) 132
国際難民レジーム →難民レジーム、を見よ
国際レジーム(論) 28-30
国際労働機関(ILO) 15, 31, 176, 187
国内避難民 13, 26-27, 32, 35, 42, 45, 54, 149, 160, 162, 164-166
国連アフガニスタン支援ミッション 49
国連安全保障理事会 18, 41-44, 48-52, 55-56
国連人道問題調整事務所(OCHA) 27, 31
国連難民高等弁務官事務所(UNHCR) 10-11, 13, 18-20, 24-27, 30-33, 41, 43-44, 48-52, 55-56, 61-62, 75-76, 81-83, 86-89, 91, 93-94, 103, 106-108, 111-115, 118-119, 126, 141, 149, 153-155, 157-163, 165,

167-168, 174-177, 187
国連パレスティナ難民救済事業機関　56
国連南スーダン共和国ミッション　54
コンゴ民主共和国(旧ザイール)　50, 84, 86, 163
混在移動　114, 117

さ行

(旧)ザイール　→コンゴ民主共和国、を見よ
ジェノサイド　50, 84, 157, 162-164, 166
シエラレオネ　152
持続的平和　20, 150, 165, 167-168
自発的帰還　76, 80, 82, 88-89, 92-93, 95, 154
自発的帰還の10年　153-155
市民社会組織(CSO)　17, 65, 71
社会的結束　20, 149, 153, 165, 167-168
集団安全保障　18, 41-44, 46-53, 55-57
終了条項　82, 88
主体性　→行為主体性、を見よ
条約難民　13, 26, 34, 42, 45, 62
シリア　9, 27, 55, 177-179, 184
自律　16, 18, 32-33, 53, 68, 106
自立　11-12, 18, 20, 27, 32-33, 49, 53, 57, 67-68, 106, 152, 173-176, 178-179
新植民地主義　→新たな植民地主義、を見よ
人道主義　17-18, 46, 48-49, 51, 56, 59-60
人道主義的支配　62-63
政府開発援助(ODA)　159
世界食糧計画(WFP)　86, 90
セン, アマルティア Sen, A.　150, 155
ソビエト　25, 42
ソマリア　50, 153

た行

第三国定住　11, 16, 19, 27, 104-105, 109-120, 154
第四の解決策　16, 105, 109, 114, 119
タンザニア　75-76, 83-95, 155, 163
長期化する難民状況／長期滞留難民　67, 109-110, 112
ツチ　162-164, 166
定住　108
デモクラシーの赤字　59, 71
統合アプローチ　48
当事者性　10, 12, 15, 17-18, 20, 23, 32-37, 41-42, 49, 52-53, 59, 64, 66-71, 104, 144, 149-154, 158, 163, 165, 167-168, 174, 178, 183, 190
同時多発テロリズム事件　43
ドラニ, アリ Dorani, A.（ペンネームEaten Fish）　127-133, 142-144

な行

ナウル　126-127, 129, 141-142, 144
難民・移民に関するニューヨーク宣言　11, 27, 83
難民起業家　173, 177-179, 185, 187, 189
難民主導組織　36, 67, 69, 71
難民に関するグローバル・コンパクト(GCR)　11, 27-28, 67-70, 83, 104, 115, 117-120
難民の地位に関する議定書(難民議定書)　10, 23-25, 42, 44, 75, 103
難民の地位に関する条約(難民条約)　10, 13, 20, 23-25, 30, 32, 34, 42, 44-45, 61-62, 75, 80-81, 85, 92, 103, 107, 179-180
難民レジーム　10-13, 15, 17-21, 23-25, 27, 30-32, 35-36, 41-52, 55-56, 59, 75-77, 80, 95, 103, 106-107, 109, 111-113, 119-120,

174, 188
日本　50, 159
ニュージーランド　130, 135, 138, 141-142
人間の安全保障　150, 153, 155-156, 159
ノルウェー　132-134, 163
ノン・ルフールマン原則　16, 19, 24, 44, 52, 75-77, 79-83, 85, 91-95, 108, 110, 112

は行

ハク, マフブーブル Haq, M.　155
パシフィック戦略(Pacific Solution)　125-126
パプア・ニューギニア(PNG)　19, 126, 129, 132-134, 138, 141-142, 144
被影響者原理　18, 65-66
庇護希望者／庇護申請者　13, 16, 19, 21, 76, 86-87, 89, 91-92, 94, 125, 142, 144, 180-184
庇護国定住　11, 19, 85, 104, 109-110, 154
非政府組織(NGO)　17, 20, 28, 44, 50-51, 75, 86, 89, 93, 163, 173-174, 182-184, 186-190
福島安紀子　158
フーコー, ミシェル Foucault, M.　127
負担と責任の分担　19, 104-105, 112-115, 118-120
ブチャーニー, ベフルーズ Boochani, B.　127-128, 133-144
フツ　83, 93, 162-164, 166
プリマファシ難民(PFR)　83, 89
ブルンジ　83-95, 162-164
紛争予防　167
平和構築　49, 53-55, 154, 156-157, 159
ベッツ, アレキサンダー Betts, A.　31-32, 47
補完的受け入れ　105, 109, 115-120
ボスニア・ヘルツェゴビナ　149, 159-160, 162, 165-166

ボートピープル　125-126, 131

ま行

マヌス(島)　126-127, 129-144
南スーダン　14, 53-54
ミノウ, マーサ Minow, M.　17, 21, 157-159
民軍協力　48

や行

(旧)ユーゴスラビア連邦共和国　50, 159, 160, 166

ら行

リベリア　152
ルワンダ　50, 84-87, 92-93, 125, 149, 155, 159, 162-166
ルワンダ愛国戦線(RPF)　84, 162
レジーム複合体　30-32, 43, 45, 47, 52

わ行

和解　49, 157-161, 165, 166, 168

【編著者紹介】

堀井 里子（ほりい さとこ）　　　　　　　　　　　　　　序章、第1章、第8章

サセックス大学大学院博士課程修了。D.Phil (政治学)。2022 年より国際教養大学国際教養学部グローバル・スタディズ領域准教授。研究分野は政治学（EU 研究）、難民・強制移動研究。主な論文に、「渡航管理をめぐる政治——欧州渡航情報認証制度（ETIAS）を事例に」『年報政治学』第 75 巻 2 号（2024）、「EU 国境管理ガバナンスにおける NGO の役割—地中海での捜索救難活動を事例として」『国際政治』第 196 号（2019）、"Accountability, dependency, and EU agencies: The hotspot approach in the refugee crisis", *Refugee Survey Quarterly*, Vol. 37, No. 2 (2018)。

【著者紹介】

上野 友也（かみの ともや）　　　　　　　　　　　　　　　　　　　　第2章

東北大学大学院法学研究科博士課程後期修了。博士（法学）。2012 年より岐阜大学教育学部准教授。研究分野は国際政治学。主な著書として、『膨張する安全保障——冷戦終結後の国連安全保障理事会と人道的統治』（2021、明石書店）、『戦争と人道支援——戦争の被災をめぐる人道の政治』（2012、東北大学出版会）。

大道寺 隆也（だいどうじ りゅうや）　　　　　　　　　　　　　　　　第3章

早稲田大学大学院政治学研究科博士後期課程修了。博士（政治学）。早稲田大学政治経済学術院助教、同講師（任期付）を経て、2021 年度より青山学院大学法学部准教授。研究分野は国際関係論、国際機構論、難民・強制移動研究。主な論文として、「EU による『押し返し（pushback）』政策の動態—— EU 立憲主義の可能性と限界——」『日本 EU 学会年報』第 42 号（2022 年）や "Inter-organizational Contestation and the EU: Its Ambivalent Profile in Human Rights Protection", *JCMS: Journal of Common Market Studies*, Vol. 57, No. 5 (2019)、著書として『国際機構間関係論——欧州人権保障の制度力学』（信山社、2020 年）。

杉木 明子 (すぎき あきこ)   第 4 章

エセックス大学大学院博士課程修了。Ph.D.(政治学)。
神戸学院大学法学部専任講師、助教授、准教授、教授を経て、2018 年より慶應義塾大学法学部教授。専門は国際関係論、現代アフリカ政治、難民・強制移動研究、武力紛争・平和構築研究。主な著書・論文は、「21 世紀アフリカにおける国家と国際関係」『国際政治』第 210 号（2023）、*Repatriation, Insecurity and Peace-A Case Study of Rwandan Refugees*（2020, Springer）、「ケニアにおける難民の『安全保障化』をめぐるパラドクス」『国際政治』第 190 号（2018）、『国際的難民保護と負担分担——新たな難民政策の可能性を求めて』（2018、法律文化社）など。

柄谷 利恵子 (からたに りえこ)   第 5 章

オックスフォード大学大学院博士課程修了。D.Phil（国際関係論）。関西大学政策創造学部教授。研究分野は国際関係論。とくに、英国を事例として、移民、市民権と国家のあり方を帝国形成・解体および脱植民地化を射程に研究。主な著書として、『移動と生存——国境を越える人々の政治学』（2016、岩波書店）、*Defining British Citizenship: Empire, Commonwealth and Modern Britain*（2003, Routledge）など。

飯笹 佐代子 (いいざさ さよこ)   第 6 章

一橋大学大学院社会学研究科博士課程修了。博士（社会学）。2016 年より青山学院大学総合文化政策学部教授。研究分野は多文化社会論、移動・境界研究など。単著には『シティズンシップと多文化国家——オーストラリアから読み解く』（2007、日本経済評論社）、共編・共著には、『海境を越える人びと——真珠とナマコとアラフラ海』（2016、コモンズ）、『応答する〈移動と場所〉——21 世紀の社会を読み解く』（2019、ハーベスト社）、『移動と境界——越境者からみるオーストラリア』（2024、昭和堂）、『モビリティーズの社会学』（2024、有斐閣）など。

小林 綾子（こばやし あやこ）　　　　　　　　　　　　　　第 7 章

一橋大学大学院法学研究科博士課程修了。博士（法学）。2023 年より上智大学総合グローバル学部准教授。研究分野は国際政治学、国際機構論、紛争平和研究、グローバル・ガバナンス。主な論文に、「紛争再発と和平合意」『国際政治』第 210 号（2023）、「UNHCR による国内避難民支援のはじまり——1950 年代後半から 1960 年代前半のアルジェリアを事例として」『難民研究ジャーナル』第 13 号（2024）他。訳書に『市民的抵抗——非暴力が社会を変える』（2023、白水社）、『分離独立と国家創設——係争国家と失敗国家の生態』（2024、白水社）。

難民レジームと当事者性
──「保護される客体」からの脱却

2025年2月25日　初版 第1刷発行

編著者　堀　井　里　子
発行者　大　江　道　雅
発行所　株式会社 明石書店
〒101-0021 東京都千代田区外神田6-9-5
電話03（5818）1171
FAX 03（5818）1174
振替　00100-7-24505
https://www.akashi.co.jp/

進行　　寺澤正好
組版　　デルタネットデザイン・新井満
装丁　　明石書店デザイン室
印刷　　株式会社文化カラー印刷
製本　　協栄製本株式会社

（定価はカバーに表示してあります）　　ISBN978-4-7503-5891-8

[JCOPY]〈出版者著作権管理機構　委託出版物〉
本書の無断複製は著作権法上での例外を除き禁じられています。複製される場合は、そのつど事前に、出版者著作権管理機構（電話03-5244-5088、FAX03-5244-5089、e-mail: info@jcopy.or.jp）の許諾を得てください。

希望 オーストラリアに来た難民と支援者の語り
多文化国家の難民受け入れと定住の歴史
アン＝マリー・ジョーデンス著　加藤めぐみ訳
◎3200円

難民問題と人権理念の危機 国民国家体制の矛盾
移民・ディアスポラ研究6
駒井洋監修　人見泰弘編著
◎2800円

「難民」とは誰か 本質的理解のための34の論点
小泉康一著
◎2700円

難民・強制移動研究入門
難民でも移民でもない、危機移民があふれる世界の中で
小泉康一著
◎3500円

難民とセクシュアリティ
アメリカにおける性的マイノリティの包摂と排除
工藤晴子著
◎3200円

難民を知るための基礎知識 政治と人権の葛藤を越えて
滝澤三郎、山田満編著
◎2500円

難民との友情 難民保護という規範を問い直す
山岡健次郎著
◎3600円

政治主体としての移民／難民
人の移動が織り成す社会とシティズンシップ
錦田愛子編
◎4200円

包摂・共生の政治か、排除の政治か
移民・難民と向き合うヨーロッパ
宮島喬、佐藤成基編
◎3200円

変わりゆくEU 永遠平和のプロジェクトの行方
臼井陽一郎編著
◎2800円

移住者と難民のメンタルヘルス 移動する人の文化精神医学
ディネッシュ・ブグラ、スシャム・グプタ編
野田文隆監訳　李創鎬、大塚公一郎、鵜川晃訳
◎5000円

入管問題とは何か 終わらない〈密室の人権侵害〉
鈴木江理子、児玉晃一編著
◎2400円

出入国管理の社会史 戦後日本の「境界」管理
李英美著
◎4000円

日本人の対難民意識 メディアの表象・言説作用
大茂矢由佳著
◎4200円

地球社会と共生 新しい国際秩序と〈地球共生〉へのアプローチ
福島安紀子著
◎2400円

新版 貧困とはなにか 概念・言説・ポリティクス
ルース・リスター著
松本伊智朗監訳　松本淳、立木勝訳
◎3000円

〈価格は本体価格です〉

五色のメビウス 「外国人」とともにはたらき ともにいきる
信濃毎日新聞社編
◎1800円

[増補] 新 移民時代 外国人労働者と共に生きる社会へ
毎日新聞取材班編
◎1600円

にほんでいきる 外国からきた子どもたち
毎日新聞取材班編
◎1600円

Q&Aでわかる外国につながる子どもの就学支援
「できること」から始める実践ガイド
小島祥美編著
◎2200円

いっしょに考える難民の支援
日本に暮らす「隣人」と出会う
森恭子、南野奈津子編著
◎2500円

いっしょに考える外国人支援
関わり・つながり・協働する
南野奈津子編著
◎2400円

外国人と共生する地域づくり
大阪・豊中の実践から見えてきたもの
とよなか国際交流協会編集
牧里毎治監修
◎2400円

外国人研修生の日本語学習動機と研修環境
文化接触を生かした日本語習得支援に向けて
守谷智美著
◎2600円

国際関係論の新しい学び
英語を用いた学習者主体の授業実践
上杉勇司、大森愛編著
◎2800円

日本の「非正規移民」
「不法性」はいかにつくられ、維持されるか
加藤丈太郎著
◎3600円

ニューミュニシパリズム
グローバル資本主義を地域から変革する新しい民主主義
山本隆、山本惠子、八木橋慶一編著
◎3000円

新版 日本の中の外国人学校
月刊イオ編集部編
◎1600円

外国人の子ども白書【第2版】
権利・貧困・教育・文化・国籍と共生の視点から
荒牧重人、榎井縁、江原裕美、小島祥美、志水宏吉、南野奈津子、宮島喬、山野良一編
◎2500円

多様性×まちづくり インターカルチュラル・シティ
欧州・日本・韓国・豪州の実践から
山脇啓造、上野貴彦編著
◎2600円

移民大国化する韓国 労働・家族・ジェンダーの視点から
春木育美、吉田美智子著
◎2000円

生活保護と外国人
「準用措置」「本国主義」の歴史とその限界
大澤優真著
◎4500円

〈価格は本体価格です〉

外国人の生存権保障ガイドブック

Q&Aと国際比較でわかる生活保護と医療

生活保護問題対策全国会議 [編]

◎A5判／並製／136頁　◎1,600円

日本在住の外国人が社会保障・医療保障等のセーフティネットから遠ざけられ、入管収容中の死亡事件が起きるなど生存権が脅かされる現状に対し、生活保護問題に取り組む執筆者たちがQ&Aと諸外国との比較分析により問題点を解説し、支援を呼びかける入門書。

《内容構成》

第1部　Q&A編

第1章　困窮外国人の現状
Q1「仮放免」とは何ですか？ 仮放免者は過酷な生活状況におかれていると聞きますが、その実態はどのようなものでしょうか？／Q2 コロナ禍において、生活に困窮する外国人が増えていると聞きますが、なぜでしょうか？

第2章　外国人政策の現状
Q3「在留資格」とは何ですか？ どれくらいの外国人が日本に暮らしているのですか？／Q4 日本政府の外国人政策はどうなっていますか？／Q5 入管行政の問題点は何でしょうか？　ほか

第3章　社会保障、生活保護と外国人
Q7 外国人に対する日本の社会保障制度はどのようになっているのでしょうか？／Q8 現行の生活保護行政では、外国人をどのように扱っているのでしょうか？　ほか

第4章　医療保障と外国人
Q15 外国人の医療保障に関してどんなことが問題になっていますか？／Q16 健康保険のない外国人への支援施策などはどうなっているのでしょうか？

第5章　疑問に答える
Q17 外国人は生活保護が受けやすいってホントですか？／Q18 生活に困ったら本国に帰ればよいのではないですか？／Q19 政府もお金がないのだから日本人を優先しても仕方がないのでは？　ほか

外国人の生存権保障に向けた提言

第2部　国際比較編

生活保護制度と外国人（国際比較）：ドイツ／フランス／イタリア／スウェーデン／イギリス／アメリカ／韓国

〈価格は本体価格です〉

難民 ―行き詰まる国際難民制度を超えて

アレクサンダー・ベッツ、ポール・コリアー 著
滝澤三郎、岡部みどり、佐藤安信、杉木明子、山田満 監訳
金井健司、佐々木日奈子、須藤春樹、春聡子、古川麗、
松井春樹、松本昂之、宮下大夢、山本剛 訳

■四六判／並製／336頁　◎3000円

本書では、90％の難民の留まる周辺国で、難民に就労機会と教育を提供することで難民の自立を推進することを提唱する。難民の自助努力を支援するアプローチ、受け入れ社会への貢献、さらには出身国の再建を可能にするオルタナティブなビジョンを提示した重要な一冊。

● 内容構成 ●

イントロダクション
第Ⅰ部　なぜ危機は起こるのか
　第1章　世界的な混沌
　第2章　難民制度の変遷
　第3章　大混乱
第Ⅱ部　再考
　第4章　倫理を再考する――救済の義務
　第5章　避難所を再考する――すべての人に手を差し伸べる
　第6章　難民支援を再考する――自立を回復するために
　第7章　紛争後を再考する――復興の促進
　第8章　ガバナンスを再考する――機能する制度とは
第Ⅲ部　歴史を変える
　第9章　未来への回帰

膨張する安全保障 ―冷戦終結後の国連安全保障理事会と人道的統治

上野友也 著

■A5判／上製／320頁　◎4500円

国連安全保障理事会の任務と権限は、なぜ飛躍的に膨張したのか？　グローバルな統治性概念を理論的に分析し、人道的介入から人道的統治への変貌を遂げる冷戦後の世界を追う。著者の『戦争と人道支援』（2012年）以降の研究成果を結集。

● 内容構成 ●

序章　膨張する安全保障
第Ⅰ部　安全保障化理論と膨張する安全保障
　安全保障化理論――コペンハーゲン学派／安全保障化理論に対する批判――パリ学派とフーコーの統治性理論を中心に／安全保障化・統治性理論と膨張する安全保障
第Ⅱ部　冷戦後の人道危機と人道的介入
　クルド／ソマリア／ボスニア／ルワンダ／コソヴォ／人道的介入と人道的統治
第Ⅲ部　人道的統治の構想と実践
　子どもの保護／女性・平和・安全保障／文民の保護
第Ⅳ部　人道的統治の現実と実際
　コンゴ民主共和国／シリア
終章　人道的統治の展望

〈価格は本体価格です〉

山よりほかに友はなし

マヌス監獄を生きたあるクルド難民の物語

ベフルーズ・ブチャーニー ［著］
オミド・トフィギアン ［英訳］
一谷智子、友永雄吾 ［監修・監訳］
土田千愛、朴伸次、三井洋 ［訳］
テッサ・モーリス=スズキ ［寄稿］

◎四六判／上製／448頁　◎3,000円

イラン生まれのクルド人ジャーナリストのブチャーニーが、オーストラリアの悪名高いマヌス島の難民収容所に収容された実体験をもとに書かれた物語。国家権力による恐怖と支配にさらされた人々の生を、鋭い観察眼と洞察力をもって克明につづった、あらゆる抑圧に抗う究極の反戦文学。

《内容構成》

翻訳者の物語──山並みを見晴るかす窓辺 ［オミド・トフィギアン］
第一章　月明かりの下で／不安の色
第二章　山々と波／栗の木と死／あの川……この海
第三章　煉獄の筏／月は恐ろしい真実を語るだろう
第四章　軍艦での瞑想録／我らがゴルシフテは実に美しい
第五章　クリスマス(島)の物語／流浪の星へと追放された国なきロヒンギャの少年
第六章　さまよえるコリースたちのパフォーマンス／メンフクロウの監視
第七章　爺さん発電機／首相とその娘たち
第八章　列という名の拷問──マヌス監獄の論理／幸福な牛
第九章　父の日／巨大なマンゴーの木と優しい巨人
第一〇章　コオロギたちの合唱、残酷な儀式／マヌス監獄の神話的地形
第一一章　カモミールに似た花／感染症──マヌス監獄症候群
第一二章　黄昏時／戦争の色

翻訳者の考察 ［オミド・トフィギアン］
日本語版刊行に寄せて ［オミド・トフィギアン］
山よりほかに友はなし──その背景 ［テッサ・モーリス=スズキ］

〈価格は本体価格です〉